몰입의 기적 속으로
어린이 여러분을 초대합니다.

황농문

2025. 6.

빅티처 황농문의 몰입 발전소

글_ **황농문**

황농문 교수님은 '몰입'의 기쁨을 많은 사람들에게 알려 준 몰입 전문가예요. 서울대학교 공과대학 금속공학과를 졸업하고, KAIST 대학원에서 재료공학을 연구해 석사와 박사 학위를 받았지요. 그 뒤로는 일본과 미국에서도 객원 연구원으로 활동하며 경험을 쌓았고, 서울대학교 재료공학부 교수로 일하면서도 계속 연구에 몰두했어요. 그러던 어느 날, 교수님은 자신이 연구에 빠져 있을 때 가장 행복하다는 사실을 깨달았어요. 그래서 이 놀라운 경험을 많은 사람들과 나누기 위해 《몰입》이라는 책을 썼어요. 이 책은 수많은 어른들의 마음을 움직이며 베스트셀러가 되었고, 대한민국에 몰입 열풍을 가져오기도 했답니다. 지금은 서울대학교에서 정년퇴임한 뒤, '몰입아카데미'를 열어 많은 사람들에게 몰입의 가치를 전하고 있어요. 특히 어린이와 청소년을 위한 몰입캠프에서는 어린 학생들이 몰입을 통해 어려운 수학 문제를 스스로 풀어내고, 자신 안에 숨어 있던 놀라운 능력을 발견하는 기적 같은 체험을 하고 있답니다.

글_ **마케마케**

어려서부터 글 쓰고 책 읽는 것을 좋아해서 어린이책을 만드는 사람이 되었어요. 다양한 그림책과 학습만화를 쓰고 만들며 어린이들에게 지식과 정보를 어떻게 재미있게 전달할 수 있을지 생각하고 있어요. 어른이 되어 알게 된 인문학과 과학의 소중한 지혜를 어린이들과 하루빨리 나누고 싶어서 〈빅티처〉 시리즈를 만들게 되었지요. 쓴 책으로는 〈채사장의 지대넓얕〉 시리즈가 있답니다.

그림_ **김민준**

아기자기하고 재미있는 그림으로 어린이들의 사랑을 받고 있는 일러스트레이터예요. 나무가 많은 집에서 고양이, 강아지들과 함께 살며 매일매일 행복하게 그림을 그리고 있답니다. 그린 책으로는 《맞아 언니 상담소》, 《방학 탐구 생활》, 《쫄쫄이 내 강아지》, 《어쩌면 나도 명탐정》, 《똥손 금손 체인지》, 《설라므네 할아버지의 그래설라므네》, 《무적 수첩》 등이 있으며, 쓰고 그린 책으로는 《비 내리는 날》이 있습니다.

빅티처 황농문의 **몰입 발전소**

우리 시대 최고의 스승과 함께하는 어린이 박학다식 프로젝트

글 황농문·마케마케 | 그림 김민준

Dolphin books

작가의 말

몰입이라는 행복으로
어린이 여러분을 초대합니다

인간이 가장 행복을 느끼는 순간은 언제일까요?

미국의 유명한 심리학자 칙센트미하이 교수는 이 질문을 평생 동안 연구했어요. 그리고 마침내 놀라운 결론을 내렸지요.

바로 '몰입'할 때, 사람은 가장 깊은 행복을 느낀다는 것이었어요.

물론, 맛있는 음식을 먹거나 좋아하는 친구와 놀거나 편안한 시간을 보내는 것도 행복한 일이에요. 하지만 그런 기쁨은 금방 사라져 버릴 때가 많아요.

반면, 내 능력보다 살짝 어려운 일에 도전해서 성취해 낼 때의 기쁨은 훨씬 오래가고 이런 경험은 우리 삶을 더 멋지게 바꿔 주지요.

저는 심리학자가 아니라 과학자예요. 서울대학교에서 재료 분야를 연구하며, 오랫동안 과학의 세계에 푹 빠져 있었지요. 그중에서도 저는 다이아몬드가 어떻게 만들어지는지 밝히는 어려운 문제를 풀어야 했어요. 사람들은 보통 '탄소 원자가 다이아몬드를 만든다'라고 알고 있지만, 실제로는 훨씬 더 복잡했답니다.

저는 끝없이 생각하고 또 생각했어요. 오랜 몰입과 생각 끝에 수백, 수천 개의 원자가 모여 아주 작은 입자들을 만들고, 그 입자들이 다이아몬드가 된다는 사실을 발견했을 때, 그 순간 느낀 기쁨은 정말 말로 다 할 수 없었어요. "이제 죽어도 여한이 없다"는 말이 절로 나올 만큼이요. 이런 기적 같은 성공을 가능하게 해 준 힘은 바로 몰입이었습니다. 1년 6개월 동안 저는 하루도 빠짐없이, 깨어 있는 모든 시간에 그 문제를 생각했어요. 생각하다 잠들고, 잠에서 깨면 또 생각했어요. 오래도록 해결이 안 되었지만 몰입의 과정은 지루하지 않았고, 매일 새로운 아이디어가 떠올랐어요. 그리고 마침내, 불가능해 보이던 문제가 기적처럼 풀린 것이지요.

그 후 저는 궁금해졌습니다. 어떻게 몰입이 이런 놀라운 결과를 만들어 냈는지 말이에요. 그래서 과학자의 눈으로 뇌 과학을 바탕으로 몰입을 분석했어요. 그리고 몰입을 통해 멋진 결과를 얻어 낸 사람들의 이야기도 모았지요. 과학자, 음악가, 프로그래머, 사업가, 회사원, 수험생, 운동선수까지. 어떤 분야든 몰입을 한 사람들의 인생은 바뀌었어요. 누구나 몰입할 수 있었고요.

그 경험을 바탕으로 저는 《몰입》이라는 책을 썼어요. 많은 어른들이 그 책을 읽고 삶이 달라졌다고 말해 주었답니다.

하지만 몰입 공부가 가장 필요한 사람은 바로 어린이 여러분이라는 생각이 들었어요. 어릴 때부터 뇌가 어떻게 작동하는지 알고, 집중력과 창의력을 키우는 방법을 익히는 건 어떤 공부보다 중요하거든요. 특히 스마트폰을 자주 쓰는 요즘 같은 시대엔 더욱더 그렇지요.

여러분이 살아갈 미래는 지금과는 아주 다를 거예요.

하지만 두려워하지 마세요. 몰입의 힘을 알게 되면, 어떤 변화 속에서도 기쁘게 성장할 수 있어요. 시험 점수를 잘 받기 위한 공부보다 여러분 안에 숨어 있는 놀라운 능력을 깨우는 공부를 시작해 볼 시간이에요.

자, 그럼 지금부터 저와 함께 몰입의 세계로 풍덩 빠져 볼까요?

여러분의 첫 몰입 선생님 **황농문**

01 우리는 왜 집중을 못 할까?

도둑맞은 집중력
스마트폰이 없으면 너무 불안해! 12 | 여러분의 집중력은 안녕한가요? 16
멀티태스킹은 인지 능력을 떨어뜨려요 22

도파민이란 무엇인가?
올즈와 밀너의 쥐 실험 24 | 쾌락과 보상을 위한 도파민 28
쾌락과 고통의 악순환 34

중독과 뇌 손상
도파민 디톡스 36 | 팝콘 브레인 40 | 시냅스의 가지치기 46

손상된 뇌를 회복하려면 어떻게 해야 할까?
깊게 생각하는 아이 VS 즉흥적으로 행동하는 아이 48 | 몰입이라는 쾌락 52
천천히 생각하기 58

02 뇌를 알면 누구나 천재

세상을 바꾼 천재들의 생각법
생각하고 또 생각한 뉴턴 62 | 천재들은 어떻게 생각할까요? 67 | 의식의 극장 72

1초도 쉬지 않고 생각하기
사자에게 쫓기는 얼룩말 74 | 수동적 몰입 VS 능동적 몰입 78
수동적 몰입은 위험해 84

선조들의 몰입
퇴계 이황의 '경' 86 | 불교와 성리학의 몰입 90 | 어떤 상태로 몰입해야 할까요? 96

당신이 잠든 사이에
윤선이네 발표 수업 98 | 잠과 몰입 103
선잠 상태의 뇌에서는 어떤 일이 벌어질까요? 108

아이디어는 이미 내 안에 있었다
천재 발명가의 비밀 110 | 수면의 과학 115 | 꿈을 이용한 천재들 120

03

편안한 상태에서 몰입이 시작된다
약한 몰입을 시작해 볼까요? 124 | 약한 몰입을 위한 조언 128
수학 문제가 도움이 되는 이유 134

의도적으로 몰입하라
조금씩 몰입 시간을 늘려 보세요 136 | 몰입의 원칙 140
왜 오래 생각해야 할까요? 146

강한 몰입에 도전한다
콩쿠르 입상의 비밀 148 | 몰입이 주는 행복 152 | 몰입 8계명 158

건강한 몰입을 위해 주의할 것들
뷰티풀 마인드 160 | 건강한 몰입을 위한 운동 165
수면 부족은 왜 정신 질환을 일으킬까요? 170

실전! 몰입 6단계 172

04

차곡차곡 쌓이는 성공의 경험
핵주먹의 부활 176 | 성공할 수밖에 없는 도전 181
'가상의 도전'을 위한 수학 문제 풀이 186

행복한 삶을 위한 몰입
행복이란 무엇일까? 188 | 상상도 못 할 멋진 미래가 기다리고 있어요 193
사고력과 창의력을 가진 열정적인 인재 196

몰입이 궁금할 때 빅티처에게 물어봐 198
나의 몰입 다이어리 199

빅티처는 우리 사회를 대표하는 석학들의 깊이 있는 지혜와 통찰을 어린이의 눈높이에 맞춰 구성한 책입니다. 살아가는 데 꼭 필요한 지식을 배우고 나와 세상을 바라보는 특별한 눈을 만나 보세요.

빅티처는 이렇게 구성되어 있어요

◆ 짧은 동화 속에 숨어 있는 이론을 찾아요
재미있는 이야기 속에도 몰입의 비밀이 숨어 있어요. 인물이 처한 상황 속에서 집중, 뇌과학, 슬로싱킹, 행복의 코드를 찾아보세요.

◆ 선생님의 생생한 가르침으로 특별한 공부를 시작해 보아요
황농문 교수님의 다정하고 꼼꼼한 수업으로 몰입을 배워 보세요. 바로 옆에서 강연을 듣듯 어린이의 눈높이에 딱 맞는 재미있는 설명을 읽다 보면 뇌의 작동 방식과 몰입의 원리를 이해할 수 있을 거예요.

◆ 만화로 개념을 정리해요
지금과 같은 결론이 정리되기까지 우리들의 예상을 뛰어넘는 관찰과 연구가 있었어요. 재미있는 만화를 통해 알쏭달쏭했던 개념을 다시 한번 정리하고, 학자들의 노력을 느껴 보세요.

이렇게 읽어 보세요

이해되지 않거나 어려운 부분은 읽다가 건너뛰어도 좋아요. 재미있는 동화나 만화만 쏙쏙 골라 읽어도 괜찮아요. 궁금한 점이 생기면 주변 사람들에게 물어보거나 다른 자료를 찾아보면 어떨까요? 즐겁게 책과 놀다 보면 교과서에서는 배울 수 없었던 놀라운 지혜가 차곡차곡 쌓일 거예요. 여러분 자신과 세상 모든 것들이 바로 '빅티처'랍니다.

01
우리는 왜 집중을 못 할까?

스마트폰이 없으면 너무 불안해!

도윤이의 보물 1호는 새로 산 스마트폰이다. 손안에 쏙 들어오는 이 작은 기계 안에는 도윤이가 좋아하는 모든 것들이 다 들어 있다. 마음만 먹으면 게임도 할 수 있고, 좋아하는 음악도 들을 수 있고, 눈에 보이는 모든 것들을 사진으로 기록할 수도 있다. 물론 동영상만으로도 온종일 시간을 때울 수도 있다.

스마트폰이 생긴 이후, 도윤이는 한시도 스마트폰과 떨어져 본 일이 없었다. 매일매일 게임을 하다 보니 실력도 금방 늘어 반에서 가장 높은 레벨을 자랑하게 되었다.

"도윤아, 저기 좀 봐! 우리나라에서 가장 오래된 은행나무래!"

자동차 앞 좌석에서 엄마가 말했지만, 도윤이의 귀에는 그 목소리가 들리지 않았다. 스마트폰으로 숏폼을 넘겨보는 중이었기 때문이다.

"봤어? 지금 지나갔잖아!"

도윤이는 그제야 고개를 들고 "어어?" 하고 되물었다. 아빠가 혀를 끌끌 차는 소리가 들렸다.

"이 녀석아, 가족 여행을 와서도 휴대폰만 붙잡고 있으면 어떡하니. 눈과 마음에 좋은 경치를 담아야지."

"아, 알았어요……."

잔소리가 더 심해지기 전에 슬그머니 휴대폰을 껐지만, 그 시간도 오래 가지는 않았다. 슬슬 바깥 풍경이 지루해지자 다시 게임에 손을 대는 도윤이었다.

도윤이 스스로가 느끼기에도 이제 스마트폰 없이 가만히 앉아 있는 것 자체가 어려워진 것 같았다. 하루는 열심히 수학 문제를 풀어 보려고 책상 앞에 앉았지만 5분도 집중하기가 어려웠다.

'깨톡 깨톡' 친구들의 메시지가 오는가 하면, '지금 접속하여 이벤트에 참여하세요!' 하는 게임 알람도 자꾸 울렸다. 그뿐이 아니었다.

내가 좋아하는 유튜버가 동영상을 올리거나 라이브를 시작하면 어김없이 스마트폰이 울렸다.

'에휴, 이것만 잠깐 확인하고 다시 공부해야지.'

도윤이는 살짝 연필을 내려놓고 다시 폰을 들었다. 딱 하나만 보려고 했지만 이미 영상은 알고리즘을 타고 도윤이가 관심 있어 하는 모든 것들을 보여 주고 있었다.

"헉, 벌써 시간이 이렇게 됐나?"

손가락으로 살짝살짝 몇 번 넘기기만 했는데 벌써 한 시간이나 뚝딱 지나 버리다니!

"으아아! 나 진짜 오늘까지 이거 다 풀어야 되는데?"

다시 연필을 들고 문제집에 얼굴을 박았지만 아무리 글자를 들여다봐도 머릿속에 내용이 들어오지 않았다. 조금 전 들었던 중독성 있는 노래가 계속 귓가에 울렸고, 어렵고 복잡한 수학 문제는 이해조차 안 되는 것이었다.

'안 되겠다. 이번만 해설지 보고 풀어야지.'

어떤 방법으로든 결국 문제집을 풀기는 했지만 기분이 꽤 좋지는 않았다. 그도 그럴 것이 영상을 많이 본 날이면 어김없이 이상한 피로감과 우울함이 찾아오곤 했으니 말이다.

"도윤이, 너 스마트폰 좀 절제해서 써야겠다. 이제부터는 엄마가 시간을 관리해야지, 안 되겠어!"

"아, 내가 뭘 얼마나 봤다고 그래! 엄마도 맨날 보잖아!"

도윤이는 자기도 모르게 엄마에게 화를 버럭 냈다. 요즘은 잔소리를 들을 때마다 마음속에서 무언가가 훅훅 올라오는 것 같다. 엄마가 잘못한 게 없다는 것도 안다. 그런데 왜 이렇게 화가 나는 걸까? 감정 조절이 안 되는 이유를 도윤이도 알기 어려웠다.

"뭐? 너 지금 뭐라고 했어? 엄마한테 화를 낼 일이야?"

"몰라! 나도 모른다고!"

도윤이는 눈물을 글썽거리며 방으로 들어가 버렸다. 정말 모르겠다. 스마트폰을 할 땐 분명 재밌고 즐거웠는데 다 하고 나면 왜 이렇게 감정 조절이 안 되는 걸까?

여러분의 집중력은 안녕한가요?

여러분도 도윤이와 같은 경험을 한 적이 있나요?

스마트폰이 손에 없으면 어쩐지 불안하고, 다른 일을 할 때에도 자꾸 스마트폰을 확인하고 싶고, 가만히 앉아서 책을 읽거나 생각하는 것이 점점 힘들어지는 경험 말이에요.

이것은 여러분뿐 아니라 전 세계인들이 오늘날 공통적으로 느끼는 현상이랍니다.

50년 전만 해도 비만이라는 병을 앓는 사람은 세상에 별로 없었어요. 하지만 지금은 대부분의 사람들이 비만을 치료하기 위해 애쓰고 있어요. 물자가 풍부해지고 음식도 많아지면서 내 몸에서 필요한 영양보다 더 많은 영양을 섭취하게 되었기 때문이지요.

정보도 마찬가지입니다. 우리 생활을 윤택하게 유지하고 인생을 즐기는 데 필요한 양보다 훨씬 많은 정보와 자극들이 매분 매초마다 쏟아지고 있어요. 세상은 지금 이 순간에도 우리에게 전자 기기를 보라고 부추깁니다.

습관적으로 영상을 보고, 제품의 광고를 확인하고, 새로 나온 게임을 플레이 하라고 유혹하지요. 이제 사람들은 깨어 있는 대부분의 시간 동안 스마트폰이나 태블릿 PC를 넘기거나 인터넷 속에서 새로운 재미나 정보를 찾아 헤엄치게 되었습니다. 그럴수록 사람과 사람이 눈을 마주치고 차근차근 이야기 나누는 시간도 줄어들었지요.

《도둑맞은 집중력》이라는 책을 쓴 요한 하리 작가는 인지 능력과 집중력에 관련된 조사를 했어요. 뇌 과학자와 심리학자 등 전문가들을 찾아다니면서 인터뷰를 하고 다양한 방법으로 연구했지요. 그리고 현대인들이 불안하고 산만하고 폭력성이 높아지는 이유가 바로 집중력의 문제라고 선언했답니다.

여러분은 '멀티태스킹'이라는 용어를 들어 본 적 있나요?
한 번에 여러 가지 일을 동시에 수행하는 것을 말해요. TV를 보면서 대화를 하거나, 동영상을 틀어 놓고 샤워를 하거나, 간식을 먹으면서 수학 문제를 푸는 것 같은 일들이요.
'늘상 하는 일인데 무슨 문제가 되나?'라고 생각하는 친구들이 있을지도 몰라요. 하지만 뇌 과학을 연구하는 모든 학자들은 입을 모아 말합니다.

"우리 뇌는 멀티태스킹을 할 수 없다."라고요.

인간의 뇌는 한 번에 한 가지만, 최대 두 가지 정도의 일만 할 수 있습니다. 이것이 인간 두뇌의 기본적인 한계지요. 여러 일을 동시에 하는 것은 불가능해요. 그나마 저글링을 하듯 이 일에서 저 일로 짧게 전환하여 집중할 수는 있지요. 하지만 이렇게 빠른 전환을 계속하다 보면 그에 따른 스트레스가 분명히 생깁니다.

전문가들은 이것을 '스위치 비용'이라고 해요.

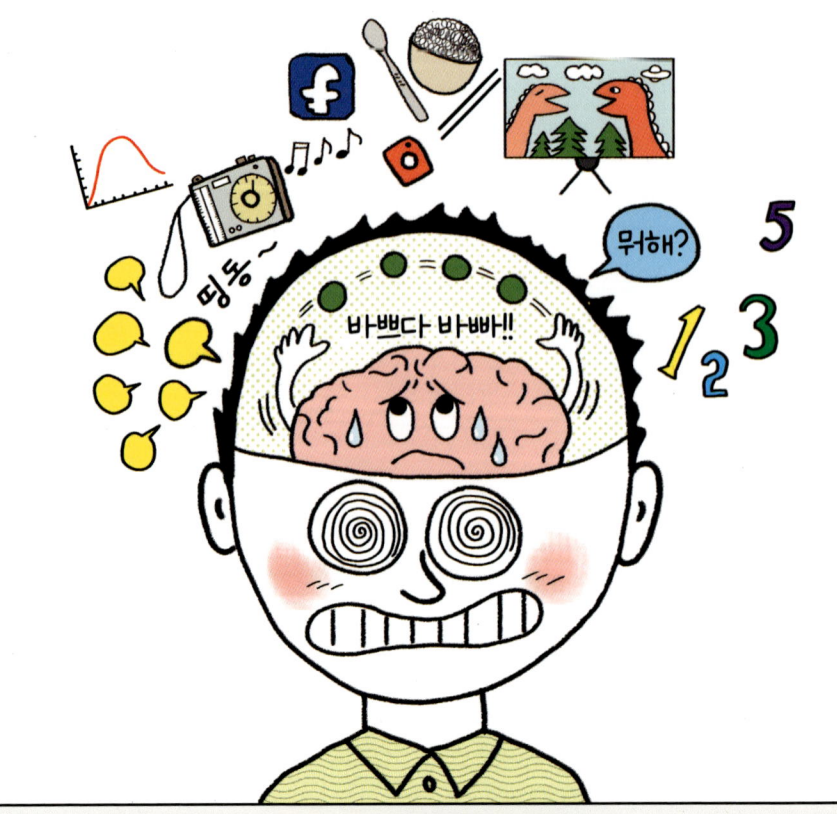

여러 가지 일을 한꺼번에 하면 어떤 것에도 집중하지 못하고, 또 그 무엇도 기억하지 못합니다. 인지 능력이 떨어질 뿐 아니라 감정적인 불안도 커져요. 열심히 했다고 생각하지만 결과적으로 생산성은 떨어지는 셈이지요.

물론 스마트 기기의 좋은 점도 있어요. 하지만 대부분의 사람들은 본능적으로 부정적인 내용에 더 큰 자극을 받는다고 해요. 편안하고 교육적인 콘텐츠보다는 나쁜 뉴스나 부정적인 메시지에 더 오래 머무르고 더 많은 클릭을 하게 되지요. 알고리즘은 이 부분을 정확하게 알고 있어요. 그래서 사용자들에게 짧고 부정적인 콘텐츠를 지속적으로 제공한답니다. 이런 내용들이 우리의 감정을 불안하게 만들고 또 분노하게 하지요.

샌디에이고주립대 심리학자 진 트웬지 교수의 연구에 따르면 2000년대 미국의 평균적인 10대 소녀는 1950년대 정신 병원에 입원했던 또래와 비슷한 수준의 불안을 경험했다고 해요.

특히 뇌가 생성되어 가는 어린이들은 더욱 집중이 어렵고 중독에 취약합니다. 스마트폰 속 자극적인 것을 보다가 책에 적힌 글씨나 변화가 없는 차분한 세계를 만나면 시시하게 느껴질 수밖에 없어요. 불안과 스트레스로 가득 찬 세상에서 우리는 집중력을 잃고 인지 능력까지 잃어 가고 있는 거예요.

  약간의 집중조차 어려워지는 이 시대에 저는 여러분에게 '몰입'의 중요성에 대해 이야기하고 싶어요.
  한 가지 생각에 집중하고 몰입하는 것은 스마트폰 영상을 보는 것보다 훨씬 힘든 일이에요. 하지만 이것을 해낸 사람들은 그 누구보다 큰 행복과 성취감을 얻게 되지요.
  산을 오르는 일은 힘들지만 정상에 서서 세상을 내려다보면 말로 표현하기 어려운 희열을 느끼는 것처럼 말이지요.

  우리 인생에서 가치 있는 것들은 모두 오르막길에 있다는 사실, 알고 있나요? 이제부터 저와 함께 한 걸음 한 걸음 오르막길을 올라 볼까요? 매일매일 꾸준히 걷다 보면 나도 모르게 다리가 튼튼해지는 것처럼 조금씩 몰입을 위해 노력하다 보면 생각의 근육도 튼튼하게 자라나 있을 거예요!

멀티태스킹은 인지 능력을 떨어뜨려요

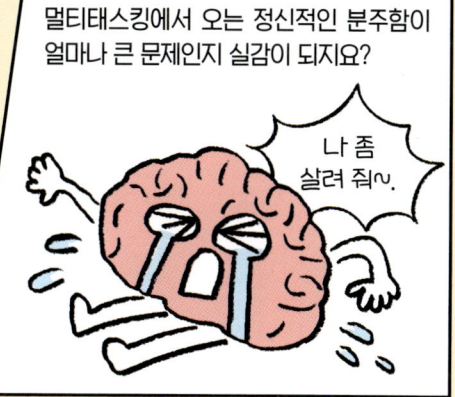

올즈와 밀너의 쥐 실험

1945년, 캐나다 맥길대학교 심리학과 제임스 올즈와 피터 밀너는 쥐를 상대로 간단한 실험을 하기로 마음먹었다. 전기에 의한 뇌의 자극에 관련된 실험이었다.

피터는 쥐 한 마리와 작은 전기 장치를 준비했다. 쥐의 머리에는 전선이 달려 있었다.

"자, 이 페달은 전선과 연결되어 있어요. 쥐가 발로 페달을 누르면 뇌에 전기 자극이 통하지요. 뇌 중에서도 쾌감을 주는 부위와 연결했으니 페달을 밟을 때마다 쥐는 기분 좋은 짜릿함을 느낄 거예요."

제임스는 고개를 갸웃거렸다.

"쥐가 자극을 받았는지 어떻게 알 수 있지?"

"전기가 통할 때 이 램프에 불이 반짝 들어오게 설치해 놓았지요."

"오호, 그럼 자극에 대한 쥐의 반응을 확인할 수 있겠군."

피터는 손 위에 있는 쥐를 장치 앞에 살짝 내려놓았다. 쥐는 조금 당황한 듯 긴 꼬리를 흔들며 주변을 서성거렸다.

그러다 의도치 않게 페달을 누르자 피터가 말한 대로 램프에 불이 반짝 들어왔다. 쥐는 기분이 좋은 듯 주변을 팽그르르 돌았다. 전기 자극이 제대로 통한 모양이었다.

"좋아. 성공이군. 그런데 이 기분 좋은 자극이 과연 어떤 행동을 만들어 낼까?"

제임스와 피터는 이 실험을 조금 더 보완해 보기로 했다.

그들은 특별한 상자를 하나 준비했다. 상자의 왼쪽엔 맛있는 먹이가 설치되어 있고 오른쪽엔 뇌에 기분 좋은 자극을 주는 페달을 설치했다.

그리고 왼쪽과 오른쪽 사이에는 쥐가 쉽게 지나다니지 못하게 전류를 흐르게 했다. 이 사실을 모르고 그 사이를 지나간 쥐는 온몸이 감전되는 고통을 느낄 것이었다.

두 사람은 이렇게 완성된 상자 안에 쥐를 넣고 관찰했다.

맛있는 먹이와 기분을 좋게 만들어 주는 전기 자극. 과연 쥐는 어느 쪽 방향을 선택할 것인가?

실험이 시작되었다. 쥐는 상자에 들어가자마자 맛있는 냄새가 솔솔 나는 먹이 쪽으로 쪼르르 다가갔다. 그런데 반대편 페달을 발견한 쥐가 잠시 머뭇거리더니 그쪽으로 빠르게 달려가 버리는 것이었다. 전류가 흐르는 바닥을 밟고 지나가는 것은 무척 고통스러운 일이었을 것이다. 하지만 그 정도의 고통은 아무 상관없다는 듯 쥐는 페달을 밟고 뇌 속에 퍼지는 짜릿함을 만끽했다.

실험은 계속되었다. 시간이 지날수록 제임스와 피터는 경악할 수밖에 없었다. 페달을 밟을수록 쥐의 집착이 점점 커져 갔기 때문이다. 쾌감을 맛본 쥐는 한 시간에 700번이 넘도록 스위치를 눌러 댔다.

제임스와 피터는 쥐의 시선을 돌리기 위해 애를 써 보았다. 페달 반대쪽에 더 맛있는 먹이를 놔두고, 물도 놔두고, 짝짓기 상대도 놔두었다. 그러나 그런 것들은 아무 소용없었다. 쥐는 밥도 먹지 않고 잠도 자지 않았다. 그저 탈진할 때까지 쾌락을 향해서 달려가더니 결국 죽음에 이르고 말았다.

두 실험자는 축 늘어진 쥐를 보고 말문이 막혔다.

"우리가 대체 무슨 실험을 한 거지?"

중독에 대해 알아보려고 시작한 실험이 아니었다. 뇌에서 쾌감을 느끼는 시스템을 알아보기 위해 구성한 실험이었다. 그러나 1945년에 벌어진 이 실험은 우리들에게 서늘한 경고를 남기게 되었다.

도대체 무엇이 쥐를 죽음으로 몰아가게 한 걸까?

쾌락과 보상을 위한 도파민

여러분은 '도파민'이란 말을 들어 본 적이 있나요?

요즘 영상 매체를 보면 자주 나오는 말이지요. 맛있는 음식, 멋진 이성, 아슬아슬하고 짜릿짜릿한 장면이 나올 때마다 "도파민 넘친다!"라거나 "도파민 끝판왕!"과 같은 말들을 종종 사용하곤 하지요.

도파민은 신경 전달 물질 중 하나로 뇌의 여러 영역에서 분비되는 물질이지요. **도파민이 하는 일은 사람의 기분을 좋게 해 주는 거예요.** 도파민은 주의력이나 기억력 같은 인지적 기능에도 관여하고 감정을 조절하는 데도 필요한 물질이에요. 기분 좋은 경험이나 성취를 이루었을 때 도파민이 나와요. 즉, 인간이 경험하는 모든 즐거움과 쾌락은 도파민에서 시작된다고 할 수 있어요.

운동을 마쳤을 때 상쾌한 기분을 느껴 본 적 있나요? 운동을 통해 근육이 자극되면, 근육과 연결된 뇌에서 도파민이나 엔도르핀처럼 기분 좋아지게 만드는 물질을 분비하기 때문이랍니다.

마라톤 선수들이 달리기를 하다 보면 극한의 힘든 상태를 경험하게 되지요. 그런데 이 고비를 지나기만 하면 말할 수 없는 행복감이 밀물처럼 몰려든다고 하네요.

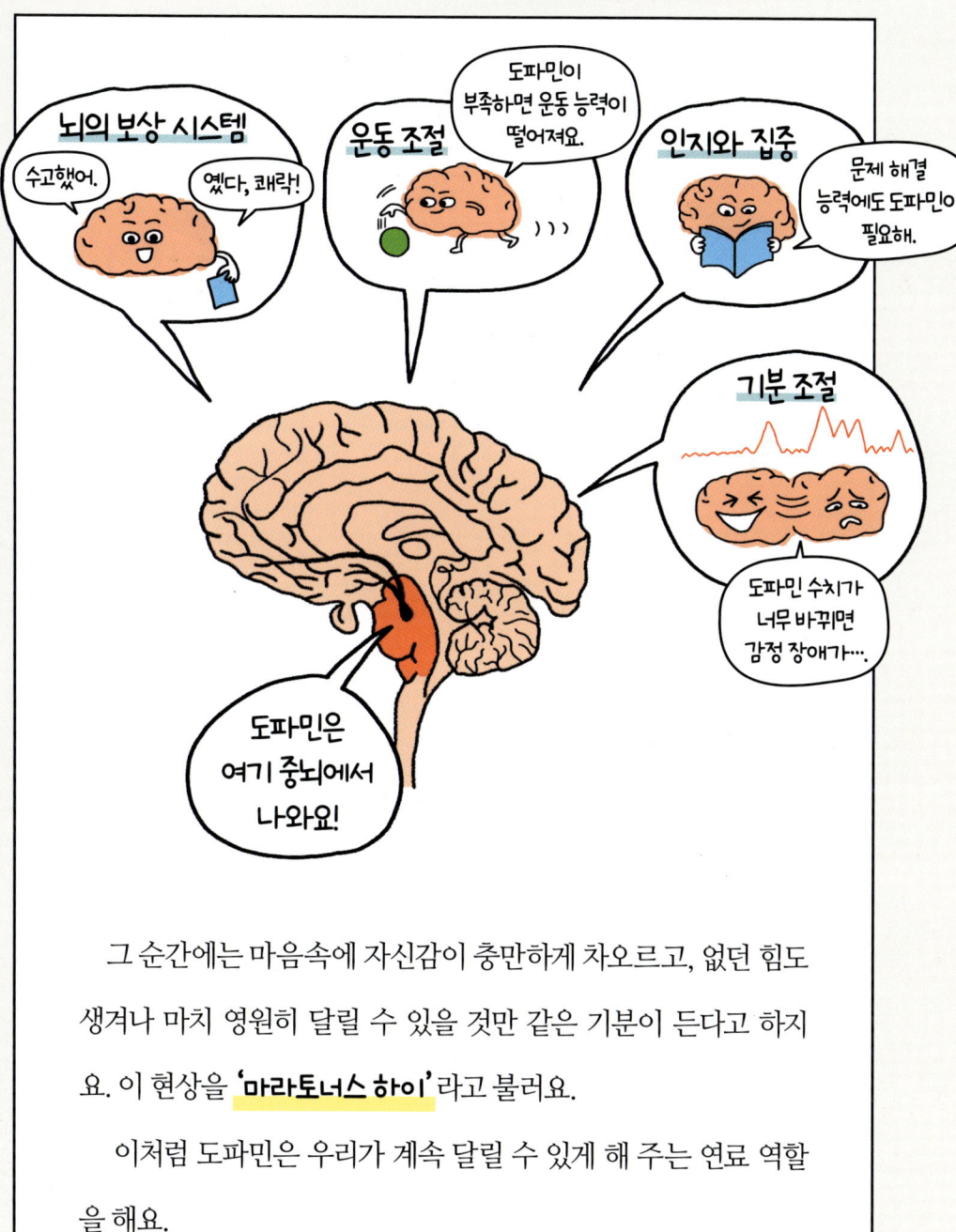

그 순간에는 마음속에 자신감이 충만하게 차오르고, 없던 힘도 생겨나 마치 영원히 달릴 수 있을 것만 같은 기분이 든다고 하지요. 이 현상을 '마라토너스 하이'라고 불러요.

이처럼 도파민은 우리가 계속 달릴 수 있게 해 주는 연료 역할을 해요.

　도파민은 다양한 상황에서 분비됩니다. 독서를 하거나 영화를 보거나 스포츠 경기를 관람할 때도, 낯선 곳으로 여행을 가는 것처럼 호기심 가득한 상황에서도 도파민이 나와요. 이성에게 끌리는 감정 또한 도파민 때문이지요.

　특히 뼈를 깎는 노력 끝에 어려운 문제를 해결했을 때 느껴지는 뿌듯함과 희열! 이 역시 도파민 덕분이랍니다.

　아주 먼 옛날, 원시 시대를 생각해 보세요. 그때는 슈퍼마켓도, 편의점도, 배달 음식도 없었지요. 배가 고프면 직접 먹을 것을 찾아야 했어요. 먹이를 사냥하려면 숨이 차도록 달려야 했고, 다른 동물과 경쟁도 해야 했어요. 사냥을 하다가 다치거나 죽는 일도 비일비재했어요. 그 고통을 이겨 내고 사냥에 성공한 원시인만이 맛있는 고기를 배불리 먹을 수 있었겠지요?

추위를 이기고 무서운 짐승을 쫓아내려면 불을 피워야 했어요. 하지만 불을 피우는 건 쉽지 않았지요. 손이 아플 정도로 나무를 마찰시키는 고통을 이겨 내야만 따뜻하고 안전한 밤을 보낼 수 있었답니다.

그리고 그렇게 살아남은 원시인들은 다음 세대에게 생존의 비밀을 전해 줄 수 있었어요. 힘들고 고통스러운 순간을 반드시 이겨 내야 달콤한 기쁨을 찾을 수 있다고요. 여러 세대가 반복되며 인간의 뇌는 진화되었어요. 도파민은 인간이 쾌락을 더욱 짜릿하게 느끼도록 도와주었지요. "좋아, 더 해 보자!", "조금 힘들지만 기분 좋은데?", "더 노력하면 더 좋겠지?"라고 생각하게 해 주었거든요. 도파민이 나오면 지금 당장 힘이 들더라도 계속 노력할 수 있어요.

그런데 문제는 **도파민이 중독과도 깊은 관련이 있다는 거예요.** 앞서 읽었던 올즈와 밀너의 실험에서 쥐의 기분을 정신없을 정도로 좋게 만들어 결국 모든 것을 마비시킨 자극! 그 무시무시한 존재가 바로 도파민이었지요.

도파민이 과도하게 분비되거나 너무 반복적인 자극을 받으면

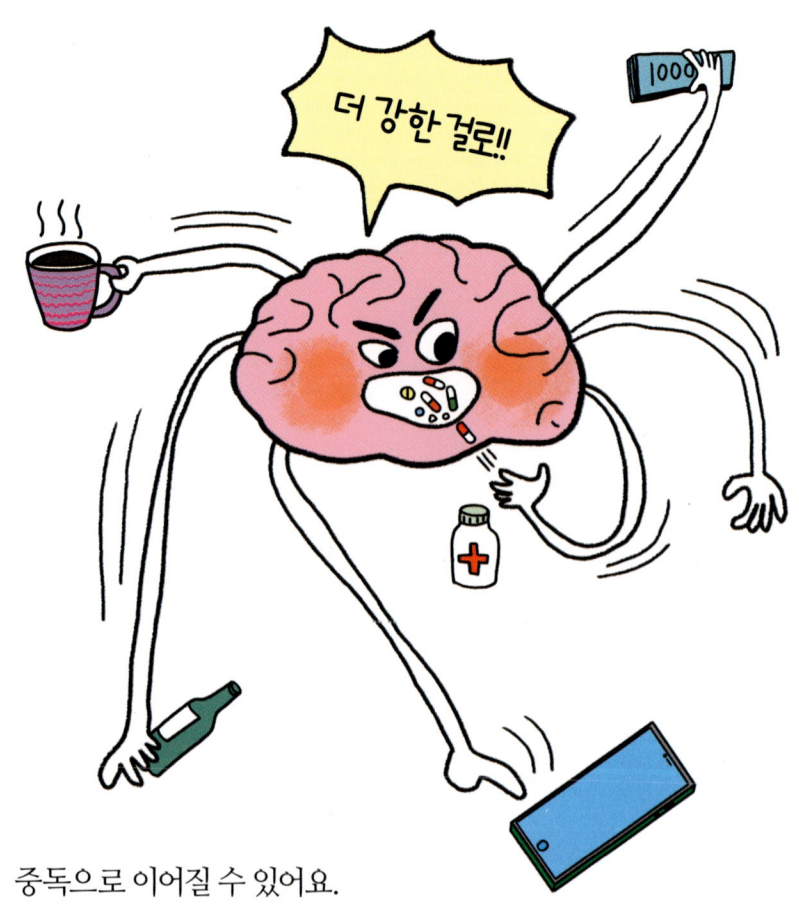

중독으로 이어질 수 있어요.

　중독이란 해로운 것을 끊어 내지 못하고 계속하고자 하는 욕구도 통제하지 못하는 상태를 말한답니다.

　약물이나 도박, 게임은 정상적인 보상 이상의 도파민을 분비시키지요. 이로 인해 평소보다 더 큰 쾌감을 느끼게 되는데, 이것을 뇌는 '반복하고 싶은 경험'으로 인지해요.

하지만 이런 자극이 반복되다 보면 뇌에도 내성이 생겨 버립니다. 내성이란 반복적인 자극에 둔감해지는 것을 말해요. 이미 도박이나 게임 같은 강한 자극에 길들여진 사람들은 일상적인 공부나 운동, 독서에서 오는 자극은 시시하게 느껴지기 마련이에요. 그리고 더 강한 자극을 쫓게 되지요.

스마트폰이 세상에 나오면서 도파민을 분비시키는 자극이 넘쳐나게 되었어요. 지금은 언제 어디서든 영상을 시청할 수 있는 시대예요. 영상 콘텐츠들은 경쟁하듯 사람들의 시선을 더 붙잡기 위해 짧고 자극적인 내용으로 채우게 되었지요. 즉, 현대인의 뇌는 도파민이 끊임없이 분비되는 상태라고 할 수 있어요.

짜릿한 쾌락에 길들여진 우리. 실험 속 쥐처럼 정신을 잃고 탈진할 때까지 달리고 있는 건 아닐까요?

중독과 뇌 손상

도파민 디톡스

"으윽, 잘 가……. 내 친구야."

윤선이는 작은 상자에 스마트폰을 넣으며 말했다. 정말 친구와 이별하는 것처럼 슬픔이 밀려왔다. 옆에 있는 다른 친구들의 탄식 소리도 들렸다.

"으아아, 안 돼!"

"제발……."

아무리 고통스러워도 이제 와서 물릴 수는 없는 일이었다. 윤선이가 이미 선택한 일이었기 때문이다. 연구소에 모인 일곱 명의 아이들은 오늘부터 3개월간 스마트폰을 사용하지 않는 실험에 들어간다. 스마트폰 대신 받은 폴더 폰은 문자와 전화만 되는 초라한 기기였다.

스마트폰뿐 아니라 전반적인 디지털 기기 사용도 자제하기로 했다. TV나 컴퓨터도 정해진 시간에만 사용하기로 약속한 것이다.

실험을 진행하는 연구 팀은 윤선이를 비롯한 아이들의 뇌 상태를 주기적으로 체크해 보겠다고 했다. 실험에 참여한 학생들은 연구실에서 머리에 기기를 쓰고 모니터 앞에 앉아 다양한 난이도의 문제를 풀었다. 문제를 풀기 위해 애쓰는 동안 머리에 쓴 기기는 전두엽이 얼마나 활발하게 활동하는지 색깔로 표현해 주었다. 전두엽이 활성화되면 노랗게, 그렇지 않으면 푸르게 표시가 된다. 물론 비교할 수 있게 스마트폰을 지속적으로 쓰는 그룹도 뇌 사진을 촬영했다.

3개월 동안 스마트폰을 쓰지 않는다는 건 쉬운 일이 아니었다. 좋아하는 유튜버가 분명 새로운 영상을 올렸을 텐데, 내가 전에 올린 소셜 미디어 피드에 '좋아요'를 누른 사람이 있을 텐데, 당장 확인하고 싶어서 가슴이 조마조마했다. 무엇보다 사춘기 소녀의 가장 큰 문제는 외로움이었다. 친구들이 단톡방에서 사진을 확인하며 깔깔 웃을 때, 삼삼오오 모여 모바일 게임을 할 때, 머쓱하게 주변에 서 있는 쓸쓸함이란.

하지만 스마트폰이 없어서 꼭 나쁜 것만은 아니었다. 좋은 이유 중 하나는 가족과 이야기 나눌 시간이 많아졌다는 것이다. 실험 전에는 같이 마주 앉아 밥을 먹을 때조차 서로의 눈이 스마트폰에 가 있었는데, 지금은 얼굴을 보고 대화를 하게 되었다.

스마트폰이 없으니 확실히 야외 활동도 눈에 띄게 많아졌다. 봄에서 여름으로 깊어 가는 계절의 변화를 눈으로 확인하고 숨이 턱끝까지 차오를 때까지 달릴 수 있는 건 꽤 상쾌한 기분이었다. 손도 안 댔던 책들을 하나둘 꺼내 읽는 것도 나름 재미있었고, 공부하다가 만지작거릴 것이 없으니 당연히 성적도 조금 올랐다.

드디어 기다리고 기다리던 3개월이 지났다! 연구소에 모인 윤선이와 친구들은 처음 시작할 때처럼 뇌를 측정하는 기기를 쓰고 문제를 풀었다. 처음 풀었을 때와 형태는 비슷하지만 내용은 조금씩 바뀐 문제였다.

'정말 뭐가 달라지긴 한 걸까?'

조금은 맑아진 정신으로 문제를 풀며 윤선이는 생각했다.

교수님은 참석자들에게 결과를 발표해 주셨다.

"이쪽이 여러분의 뇌, 오른쪽이 스마트폰을 사용한 다른 그룹의 뇌예요. 자기 조절과 억제에 관련된 문제에서는 대조군의 전두엽은 푸른색, 여러분의 전두엽은 노란색으로 나타나네요. 그만큼 절제를 위한 전두엽 기능이 향상되었다는 뜻이에요. 이번에는 난이도가 어려운 문제를 풀 때의 뇌의 상태예요. 반대로 대조군은 노란색, 여러분은 푸른색으로 나타나요. 다른 친구들이 뇌를 쓰려고 노력한 것보다 여러분의 전두엽은 수월하고 편안하게 문제를 수행했다는 뜻이지요."

다른 여러 지표를 확인해도 확실히 전두엽 기능이 눈에 띄게 높아졌다고 한다. 뇌의 성장이 이루어지는 청소년 시기, 3개월의 절제만으로도 이런 변화가 이루어진다는 것이 놀라울 정도였다. 하지만 아무리 결과가 좋아도 다시는 이 실험을 하고 싶지 않은 윤선이었다.

팝콘 브레인

 여러분의 딱딱한 두개골 안에는 말랑말랑한 뇌가 숨어 있습니다. 뇌는 어떻게 세상을 인식하고 사고하며 창조적인 활동을 할까요? 여전히 많은 과학자들이 풀어내야 할 비밀이 남아 있지만, 뇌의 위치와 역할에 대해 밝혀진 부분도 꽤 많답니다.

 우리 이마 뒤쪽에 위치한 대뇌의 앞부분을 '전두엽'이라고 해요. 전두엽은 대뇌에서 가장 큰 부분을 차지하지요.

 하는 일도 무척 많아요. 우리를 인간답게 만들어 주는 고차원적인 인지 행동이 바로 전두엽에서 일어나거든요.

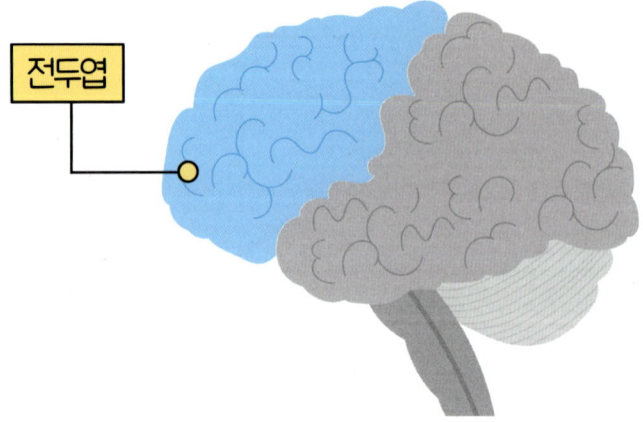

전두엽은 인지 능력, 의사 결정 능력, 감정 조절 능력 등을 담당하고 학습과 기억, 계획 수립, 충동 조절 등이 이곳에서 이루어져요.

1848년, 미국의 철도 공사 현장에서 폭발로 인해 피니어스 게이지라는 한 남자가 큰 상처를 입었어요. 쇠막대가 눈 아래를 관통하여 전두엽이 크게 손상된 거예요! 그런데 신기하게도 그는 의식을 잃지 않았고 의사와 아무렇지 않게 대화도 할 수 있었지요. 심지어 IQ에도 큰 차이가 없었대요. 그런데 문제는 그 이후에 일어났어요. 이 사고가 일어나기 전에 게이지는 무척 성실하고 책임감 있는 사람이었다고 해요.

그런데 전두엽이 다치자 성품이 달라졌어요. 작은 일에도 크게 화를 내거나 걸핏하면 규칙을 어기고, 작은 계획조차 실천하지 못하는 사람으로 바뀐 거예요.

그를 지켜보던 의료진들은 전두엽이 어떤 역할을 하는지 알게 되었지요. 차분한 생각과 감정 조절이 전두엽에서 이루어진다는 것이었지요. 그런데 스마트폰 중독이 이러한 전두엽 역할과 아주 밀접한 관련이 있다는 게 밝혀졌어요.

여러분은 **팝콘 브레인**이란 말을 들어 본 적 있나요? 바로 펑펑 튀어 오르는 팝콘처럼 강렬한 자극에만 뇌가 반응하는 현상을 표현한 용어예요.

스마트폰 알림, SNS 업데이트, 짧고 빠른 영상 콘텐츠는 뇌에 쉴 틈 없이 강한 자극을 주지요. 소셜 미디어에서 알리는 '좋아요'나 새로운 콘텐츠가 생겼을 때 울리는 알림도 도파민을 계속 분비시켜요.

우리 뇌는 언제나 흥분 상태에 있는 셈이지요. 이런 자극에 익숙해진 뇌는 조금만 지루하거나 느린 자극을 만나면 집중을 못 하게 된답니다. 일상의 소소한 행복도 시시하게 느껴지고, 무기력과 우울함을 느낄 수밖에 없겠지요.

더 큰 문제는 **자극적인 콘텐츠를 많이 보면 볼수록 뇌의 편도체는 활성화되고, 전두엽은 비활성화된다는 거예요!**

편도체는 우리 뇌의 옆면 깊은 곳에 있는 부위로 감정과 관련된 것들을 처리해요. 특히 편도체는 비상 상황에 반응하는 부위랍니다. 갑자기 무서운 상황이 발생하거나 재난이 닥쳤을 때 편도체는 경보 시스템을 켜고 우리 몸을 긴장시키지요. 당장이라도 멀리 도망칠 수 있도록 몸과 마음을 예민하게 만들어요.

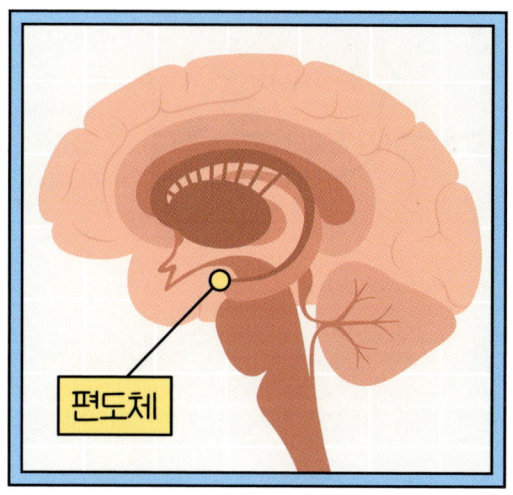

그런데 자극적인 영상 콘텐츠를 계속 보게 되면 공포, 흥분, 분노와 같은 감정이 일어나 편도체를 활발하게 만들어요.

반대로 차분하고 논리적이며 감정에 휘둘리지 않고 합리적으로 판단하는 전두엽은 비활성화되지요.

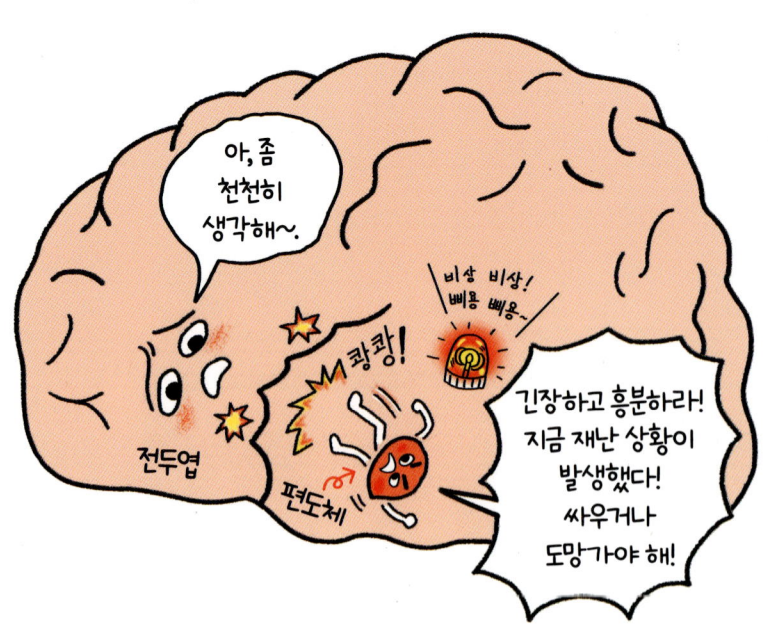

편도체와 전두엽은 조화를 이루어야 해요. 그래야 우리가 안정적이면서도 효과적인 사고와 행동을 할 수 있거든요. 어느 한쪽이 너무 강하게 활동하지 않게 통제할 필요가 있겠지요?

뇌를 연구하는 학자들은 나이가 어릴수록 전두엽 발달에 더 많이 신경 써야 한다고 말해요.

스마트폰을 과도하게 사용한 어린이는 전두엽이 손상될 수밖에 없어요. 그럼 정서적으로 불안해지고 충동을 억제하지 못해 폭력을 행사하는 어른으로 자랄 가능성이 커지겠지요.

이와 같은 위험을 알고 있는 일부 국가에서는 유아의 스마트폰 사용을 제한시키거나 15세까지는 학교 안에서 스마트폰 사용을 금지하는 법안을 만든다고 해요.

여러분은 어떤가요? 복잡한 문제를 차근차근 해결하고, 감정을 적절히 관리할 줄 아는 사람으로 자라나고 싶은가요?
그렇다면 나의 전두엽이 건강하게 발달할 수 있도록 노력해야 할 거예요.

시냅스의 가지치기

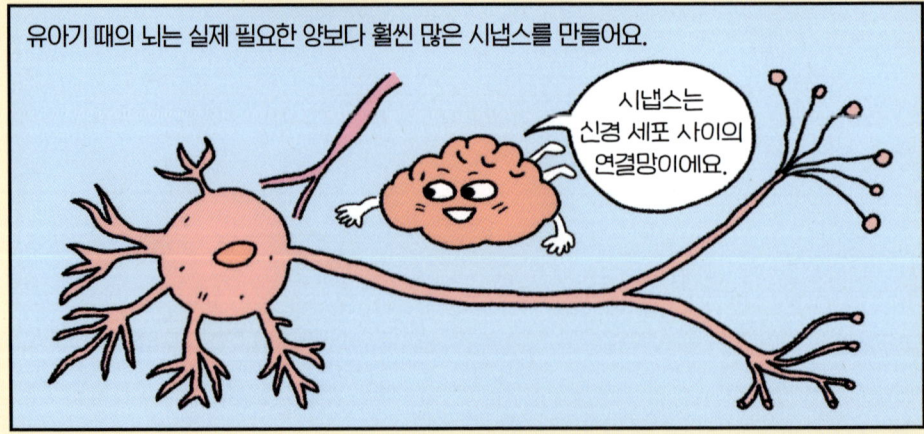

성인이 되어서도 시냅스는 만들어지지만, 어린 시절에 생성된 시냅스가 훨씬 강력하고 오래 유지되지요.

손상된 뇌를 회복하려면 어떻게 해야 할까?

깊게 생각하는 아이 VS 즉흥적으로 행동하는 아이

디지털 디톡스 이후 윤선이의 생활에는 조금씩 변화가 있었다. 방학 동안 스마트폰을 아예 끊어 버리지는 못했지만 정해진 시간만 하려고 노력했고, 심심할 때는 책을 읽어 보았다.

처음에는 책을 봐도 내용이 머리에 잘 들어오지 않았지만 시간이 많이 남으니 집중해 보려고 노력했고, 글씨가 표현하는 것들을 머릿속으로 상상해 보려고 애를 썼다. 그러자 어느 순간 책 속으로 쑥 빨려 들어간 것처럼 모든 것이 생생하게 느껴졌다.

고통을 먼저 선택하면 우리 뇌는 보상으로 쾌락을 가져온다더니 정말 그런 느낌이었다. 공부를 처음 시작할 땐 고통스럽지만 끝나고 나면 은은한 기쁨이 찾아오고, 운동도 첫발을 떼는 게 어렵지 끝나면 세상 모든 게 아름다워 보일 정도로 기분이 좋아지니 말이다.

그러나 윤선이와 달리 도윤이의 생활은 크게 달라지지 않았다. 이런 생활에 문제가 있다고는 느꼈지만 딱히 어떻게 바꿔야 할지 알 수 없었다. 여전히 대부분의 시간을 스마트폰과 함께 보냈고, 숏폼과 챌린지에 열중했다. 게임을 하다 보면 가끔 광고가 나오는데 때론 폭력적이거나 성적인 내용도 있었다. 실수로 클릭을 하고 어른들이 보는 영상을 한참 동안 보기도 했다. 나쁜 일을 하는 생각이 들어 찜찜했지만, 화면을 끌 수 없었다. 가슴이 두근두근하고 짜릿한 기분을 무시하기 어려웠기 때문이다.

방학이 끝나고 새 학기가 시작되었다. 도윤이와 윤선이 모두 키가 부쩍 자라 있었고, 보이지 않는 마음의 변화도 적지 않았다.

어느 날, 선생님이 아이들에게 말씀하셨다.

"이 문제는 논리적 사고와 상상력이 필요한 문제란다. 우리 모두 생각해 보자. 만약 태양이 갑자기 사라진다면 지구에는 어떤 일이 일어날까?"

반 아이들은 조금씩 웅성거렸다. 조용히 고민하는 아이도 있었다. 윤선이도 노트에 무언가를 끄적이며 상상의 날개를 펼쳐 보았다. 도윤이는 스마트폰을 만지작거리며 대충 흘려들었다. 무언가 대답을 준비해야 할 것 같았지만 생각하는 게 귀찮게 느껴졌다.

"태양이 사라지면 일단 빛 에너지가 부족하니, 식물이 자라지 못해 식량이 부족해질 거예요. 온도가 급격히 떨어지기 때문에 생명체가 살기 어려울 수 있겠지요. 우리가 사용하는 연료의 대부분은 태양 에너지에서 비롯된 것이기 때문에 에너지 부족 문제가 심각해질 거예요. 이땐 최소한의 에너지를 가지고 생존할 수 있는 생물들만이 살아남지 않을까요?"

윤선이가 일어나 발표하자 아이들은 모두 숨을 죽이고 윤선이의 이야기에 집중했다.

"이런 상황에서 인간이 살아남기 위해서는 태양을 대신할 에너지원을 찾아야 합니다. 핵융합 에너지나 지열 에너지 등이 대안이 될 수도 있어요."

윤선이가 원래 이렇게 차분하고 논리적이었던가? 친구들 사이에서도 감탄사가 나왔고 선생님도 무척 흡족하신 듯 윤선이를 칭찬하셨다.

"자, 도윤이는 어떻게 생각하니?"

"저, 저요?"

당황한 도윤이는 머리를 벅벅 긁더니 큰 소리로 말했다.

"태양이 없어진다고요? 그럼 우리 그냥 다 죽어요!"

교실의 모든 아이들이 와아 하고 웃음을 터뜨렸다. 선생님도 도윤이의 장난스러운 모습이 귀여우신지 웃으며 말씀하셨다.

"그래, 도윤이의 대답도 틀린 건 아니지. 하지만 다음부턴 조금 더 구체적으로 생각해 보자. 창의적이고 논리적인 생각은 열심히 훈련하면 길러지는 거거든."

도윤이는 친구들을 웃겼다는 데에 으쓱함을 느끼긴 했지만 마음 한편으로는 조금 부끄러웠다. 윤선이는 언제 저렇게 논리적으로 대답할 수 있게 된 걸까?

'나도 다음엔 저렇게 대답할 수 있으면 좋겠다…….'

몰입이라는 쾌락

앞에서도 이야기했지만 우리 뇌에는 전두엽과 편도체라는 부위가 있어요. **편도체**를 흔히 '감정의 뇌'라고 부르고, **전두엽**을 '이성의 뇌'라고 부르지요. 어떤 상황에선 편도체가 활발하게 반응해야 하고, 어떨 땐 전두엽이 활성화되어야 해요.

보통 외부의 자극이 왔을 때 즉각적으로 반응하는 것은 감정의 뇌인 편도체, 심사숙고하여 천천히 반응하는 것은 이성의 뇌인 전두엽이에요.

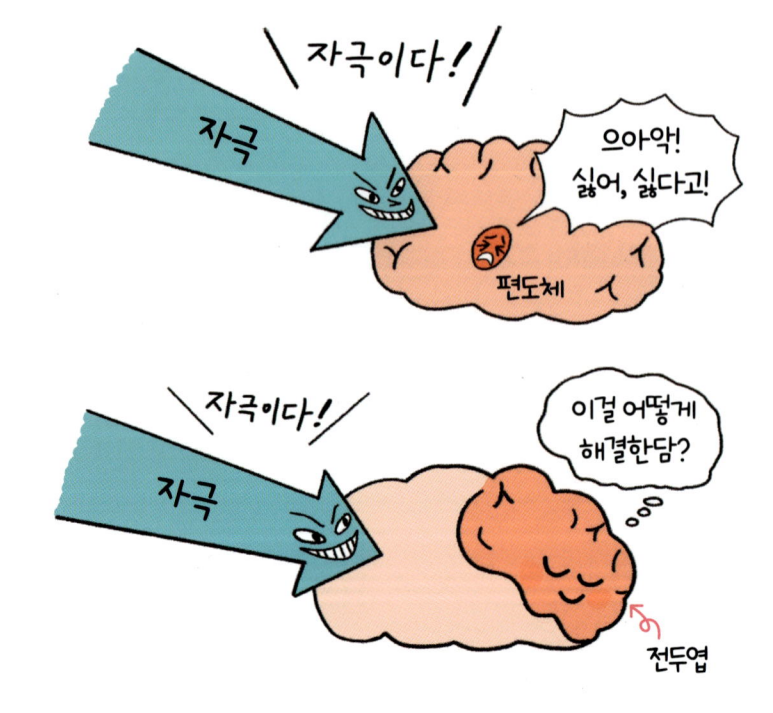

많은 동물들이 외부 자극에 즉각적으로 반응해요. 오로지 인간만이 자극을 받고 행동으로 옮기기까지 생각하는 데 시간을 쓰지요. 전두엽에서 복잡한 문제를 처리할 수 있기 때문이에요. 이 특성을 '**지연 반응**'이라고 해요.

지연 반응 덕분에 우리 인류는 어렵고 복잡한 사회적인 문제들을 차근차근 해결할 수 있게 되었어요.

하지만 모든 사람이 심사숙고하여 문제를 해결할 수 있는 건 아니에요. 사람마다 지연 반응은 다르게 나타나거든요. 어떤 사람들은 생각 없이 즉흥적인 감정만으로 행동하고, 또 다른 사람들은 여러 가지를 살피고 따진 다음에 가장 좋은 것을 찾아 행동으로 차근차근 옮기지요.

여러분은 어떤 쪽에 속하나요? 직면한 문제가 복잡하고 어려울수록 많은 시간을 할애하여 생각할 줄 알아야겠지요? 교수님은 그것을 바로 '몰입'이라고 부르고 싶어요. 몰입을 할 줄 아는 사람은 전두엽을 많이 사용할 줄 아는 사람이에요. 물론 가장 좋은 판단을 내릴 확률도 커지겠지요.

숏폼처럼 강렬한 자극은 우리가 따로 노력하지 않아도 저절로 집중할 수 있게 해 줘요. 애쓰지 않아도 집중이 되니, 전두엽은 할 일이 없어지지요. 전두엽의 역할이 줄어들면 저절로 기능도 떨어지게 된답니다.

   반면, 해결하기 어려운 문제에 도전할 때는 억지로라도 집중을 해야 해요. 한 가지에 집중하여 생각하는 건 사실 굉장히 힘든 일이에요. 아무리 생각해도 해결책은 보이지 않고 자꾸 다른 생각이 끼어들거든요. 하지만 의식적으로 내가 생각해야 할 문제를 떠올리다 보면 결국 깊은 집중 상태에 도달할 수 있어요. 만약 여러분이 이 상태를 몇 시간, 혹은 며칠이라도 유지할 수 있다면 몰입에 성공한 거예요! 이처럼 고통을 이겨 내고 성취를 얻을 때에도 도파민이 나온답니다. 이 성공의 경험은 스마트폰과는 비교도 안 될 정도로 달콤할 거예요.

교수님, 몰입에 성공해서 도파민이 나온다면 도파민 이후에 우울함과 무기력도 찾아오는 게 아닌가요?

그래요. 어떤 친구들은 이 부분을 걱정할 수도 있어요. 앞서 게임, 도박, 마약과 같은 중독의 쾌락에는 분명 고통이 뒤따라온다고 배웠으니까요.

사실 저도 오랜 시간 동안 몰입 상태를 경험하면서 이 부분을 크게 걱정해 왔어요. 몰입하는 동안 느꼈던 행복이 너무 컸기 때문에 그 뒤에 덮쳐 올 우울함을 감당할 수 없을 것만 같았거든요. **하지만 놀랍게도, 몰입으로 인한 쾌락은 우울함을 남기지 않더라고요. 신기하게도 계속 좋은 기분만 유지했지요.**

왜 이런 일이 발생할까요? 이것은 뇌의 시스템을 알면 파악할 수 있어요. 강한 쾌락 뒤에 강한 우울함을 느끼는 것은 시냅스의 특징이에요. 신경 세포는 다른 신경 세포에게 신경 전달 물질을 내보내고 일부는 다시 회수하는데, 이것을 '마이너스 피드백'이라고 해요.

마이너스 피드백 덕분에 우리는 쾌락 뒤에 우울을 느끼는 거예요. 만약 마이너스 피드백이 없다면 도파민이 끊임없이 분비될 것이고, 이에 따른 부작용이 생길 수도 있으니까요. 마이너스 피드백은 신경 전달 물질이 과도하게 나오는 것을 막아 주는 제어 장치라고 볼 수 있어요.

그런데 이러한 마이너스 피드백이 작동하지 않는 부분이 있어요. 바로 '전두연합령'이란 곳이에요. 이름이 너무 어렵다고요? 여기는 뇌의 한 부위로 사고, 판단, 계획을 담당하는 부분이에요. 이곳의 대부분은 A10이라고 하는 신경 섬유로 이루어져 있는데, 과학자들이 이곳에서는 마이너스 피드백이 이루어지지 않는다는 사실을 밝혀냈어요.

그래서일까요? 저뿐 아니라 오랜 기간 동안 몰입을 경험한 많은 사람들이 입을 모아서 이야기하곤 해요.

> 그렇게 오래 집중해서 생각하면 피곤할 것 같은데, 이상하게 힘이 들지 않아요.

> 우울함이 없어지고 계속 기분이 좋더라고요.

도대체 몰입이 무엇이기에, 우리를 더 지혜롭게 해 줄 뿐 아니라 기분 좋은 쾌감까지 느끼게 해 주는 걸까요?

여러분도 몰입을 경험해 보고 싶지 않나요?

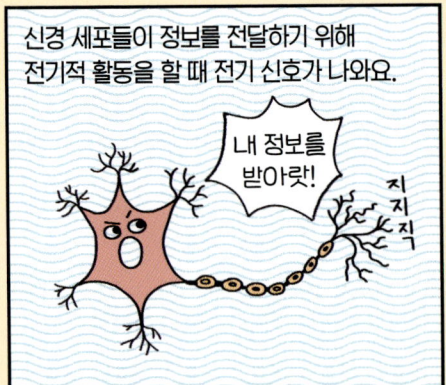

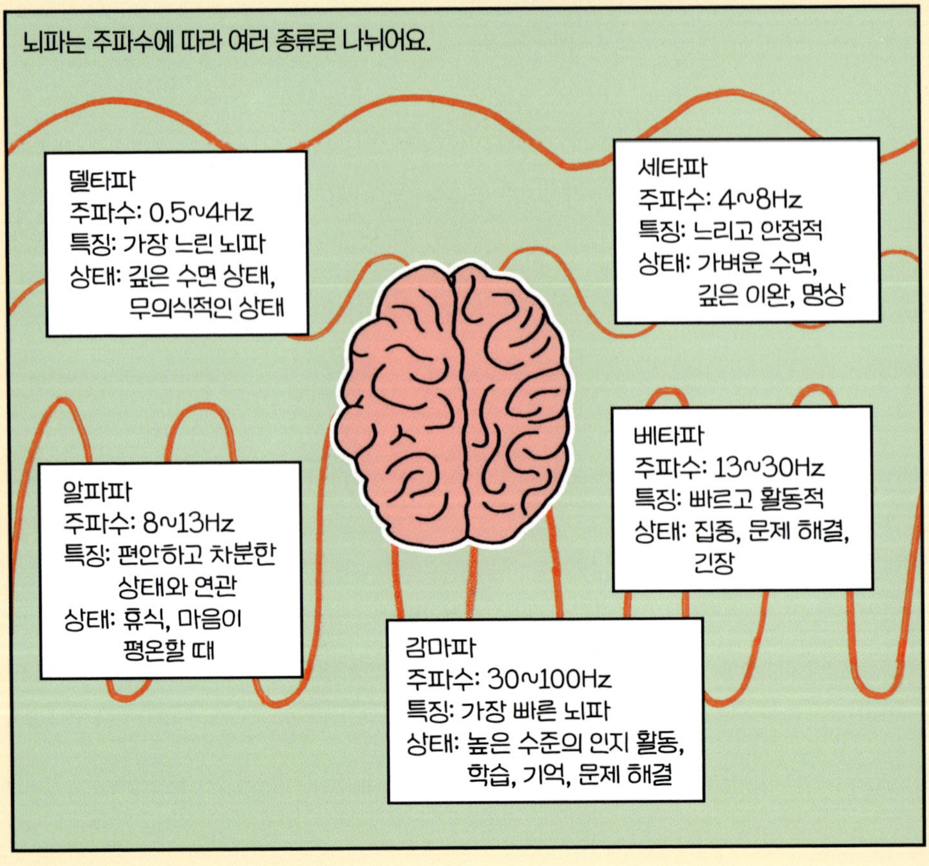

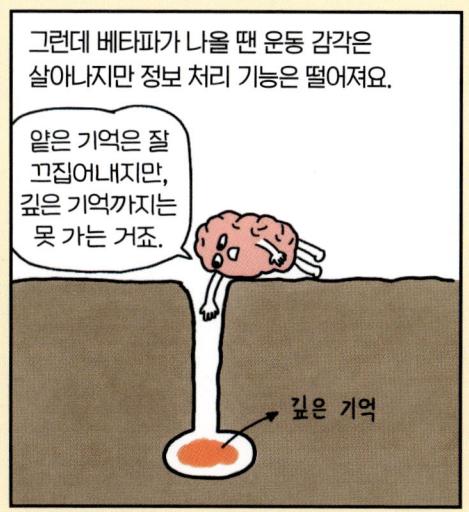

02
뇌를 알면 누구나 천재

생각하고 또 생각한 뉴턴

"학생 여러분! 모두 여기서 나가 집부터 싸십시오! 우리 학교에 흑사병 환자가 나왔다고 합니다!"

"이, 이럴 수가."

학생들은 강의실을 도망치듯 빠져나와 우왕좌왕 기숙사로 들어갔다. 학교 앞에는 이미 학생들을 데리러 온 마차들이 즐비했다. 1666년 영국 케임브리지대학교. 2학년에 재학 중인 아이작 뉴턴은 한숨을 푹 쉬었다. 꼭 이어서 해야 하는 연구가 있었는데 갑자기 집으로 가야 한다니.

마음 편히 공부할 수 있었던 학교. 이제 학교는 그가 나고 자란 집보다 더 편안한 곳이 되었는데 말이다. 뉴턴은 외로운 아이였다. 그의 아버지는 뉴턴이 태어나기도 전에 돌아가셨고, 아이를 두고 일찌감치 재혼한 어머니

와는 그다지 많은 정이 쌓이지 않았다. 외톨이처럼 살아왔던 어린 시절, 그의 유일한 놀이는 수학 문제를 풀거나 자연을 보며 세상의 법칙에 대해 생각하는 것이었다. 그러나 더 이상 학교에 머무를 수는 없었다. 흑사병은 한때 유럽 인구의 3분의 1을 사라지게 할 정도로 치명적인 전염병이었다. 목숨이 위험한 상황이니 어쩔 수 없이 집으로 가야 했다.

스물세 살의 젊은 뉴턴은 터덜터덜 먼 고향으로 돌아왔다. 그의 고향은 울즈소프라는 시골 마을이었다. 어머니는 오늘도 집에 없었고, 그가 쓰던 방은 텅 비어 있었다. 뉴턴에겐 너무나 익숙한 환경. 그는 조용히 책상 앞에 앉았다.

고요하고 편안했다. 학교를 나오기 직전 몰입하고 있던 연구가 떠올랐다. 다른 할 일도 없었으므로 뉴턴은 조심스럽게 늘 연구하던 내용에 대해 다시 생각하기 시작했다.

'케플러는 행성이 타원 궤도로 움직인다는 사실을 발견했지. 하지만 그 이유는 설명하지 못했어. 이 우주에는 서로가 서로를 끌어당기는 특별한 힘이 존재하지. 그것을 수학적으로 정리하고 싶어!'

뉴턴의 하루는 지루할 정도로 단조롭게 반복되었다. 하지만 그의 머릿속은 날마다 쉴 틈 없이 불꽃이 튀는 것만 같았다. 매일 아침 눈을 뜨는 순간부터 뉴턴은 서로를 끌어당기는 힘에 대해 생각했다. 보통은 대충 끼니를 때웠지만 어떨 때는 연구에 몰두하느라 밥 먹는 걸 잊어버릴 정도였다. 외딴 시골 마을이라 찾아오는 사람도 없었고 가족은 그에게 무관심했다. 조용히 생각하기에 너무 좋은 시간이었다. 그러다가 잠이 오면 잠시 눈을 붙였다. 꿈속에서도 같은 생각이 이어졌다.

그러던 어느 날, 뉴턴은 꾸벅꾸벅 졸다가 스르륵 잠에서 깨어났다. 창밖으로 어릴 때부터 정원에 있던 사과나무가 보였다. 깊은 가을, 잘 익은 사과 하나가 툭 하고 바닥에 떨어졌다. 뉴턴은 비몽사몽간에 생각했다.

'사과가 떨어졌네……. 사과가 떨어지는 것도 모든 것을 끌어당기는 만유인력 때문이지.'

생각이 여기까지 미치자 그의 머릿속에 흐릿하게 공식이 하나 스치고 지나갔다. 그동안 고민했지만 미처 생각하지 못했던 공식이었다. 뉴턴은 잠에서 깨어 스프링처럼 벌떡 일어났다.

"이 힘이 지구와 사과 사이에서만 작용하는 게 아니라, 지구와 달, 더 나아가 모든 별과 행성 사이에서도 작용한다면 어떻게 될까?"

뉴턴은 사과나무 앞으로 달려가 떨어진 사과를 손에 꼭 쥐었다. 그가 손에 힘을 풀자 사과는 다시 한번 바닥에 툭 떨어졌다.

"이 힘은 질량이 큰 물체일수록 더 강해지고, 멀리 떨어질수록 점점 약해진다. 만약 이 힘의 세기를 정확한 수식으로 나타낼 수 있다면……!"

뉴턴은 무언가에 홀린 듯 손으로 바닥에 공식을 적어 내기 시작했다. 매일 써 온 것처럼 거침없이 적었지만 이것은 세상에 처음으로 등장한 중력 법칙에 관한 공식이었다.

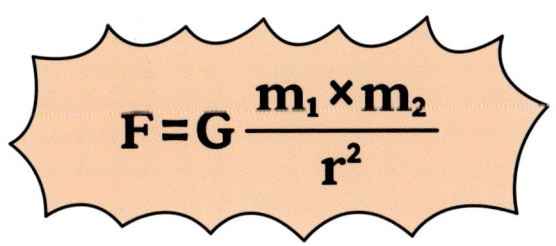

$$F = G \frac{m_1 \times m_2}{r^2}$$

두 물체 사이에 작용하는 힘(F)이 두 물체의 질량(m_1, m_2)의 곱에 비례하고, 두 물체 사이의 거리(r)의 제곱에 반비례한다는 것을 의미했다.

그리고 여기서 중요한 점은, 모든 물체가 서로를 끌어당기지만 지구처럼 큰 물체의 힘이 우리에게 더 크게 느껴진다는 사실이었다.

이 공식이 정말로 모든 곳에서 적용되는지 실험할 수는 없었다. 그러나 뉴턴은 확신했다. 마음속에 떠오른 이 깨달음이 곧 우주를 이해하는 열쇠가 될 거라고. '기적의 해'라 불리던 1666년. 뉴턴의 머릿속에서 인류 최대의 발견, '만유인력의 법칙'이 떠오르던 순간이었다.

천재들은 어떻게 생각할까요?

역사 속에는 위대한 발견을 해낸 사람들이 있어요. 뉴턴, 아인슈타인, 다윈과 같은 인물들이지요. 그들의 연구 결과는 세상을 뒤집을 만한 내용이었어요.

이들은 어떻게 이처럼 눈부신 창의성을 갖게 된 걸까요? 태어나기 전부터 이미 다른 사람과는 비교도 안 될 정도로 똑똑한 머리를 가진 덕분일까요?

그런데 위대한 과학자들의 업적과 삶을 샅샅이 연구해 보면 재미있는 결론에 도달하곤 해요. 바로 그들이 끊임없이 생각하고, 생각하고, 또 생각했다는 것이지요.

뉴턴의 일생을 다룬 《프린키피아의 천재》라는 책을 보면 뉴턴만의 아주 특별한 생각 방법이 자세히 나와 있어요. 뉴턴은 한 가지 문제를 붙잡으면 밥 먹는 것도, 잠자는 것도 잊어버릴 정도였대요. 고양이 먹이를 제때 주지 않고 접시째 쌓아 두었기 때문에 뉴턴의 고양이는 언제나 뚱뚱했어요. 뉴턴은 생각하느라 잠도 제대로 못잤는데 정작 자신은 밤을 새웠다는 것조차 몰랐다고 해요. 식탁에 앉아서도 책을 들여다보느라 음식에 손을 대지 않는 일도 허다했다고 하고요.

사람들이 뉴턴에게 어떻게 만유인력처럼 대단한 아이디어를 떠올릴 수 있었는지 묻자 이렇게 대답했다고 해요.

다른 사람들도 나만큼 열심히 생각한다면 비슷한 결과를 얻을 거예요.

그러고 보니 아인슈타인도 비슷한 말을 한 적이 있네요.

나는 몇 달이고 몇 년이고 생각하고 생각합니다. 그러다 보면 99번은 틀리고 100번째가 되어서야 비로소 맞는 답을 얻어 내지요.

뉴턴, 아인슈타인, 다윈뿐이 아니에요. 노벨상을 수상한 다른 많은 학자들에게 물어봐도 비슷한 대답이 나와요. 1998년 노벨 생리의학상을 수상한 루이스 이그나로도 마찬가지. 노벨상을 받으려면 어떻게 해야 하냐는 기자의 질문에 이렇게 대답했어요.

일주일 내내, 24시간 동안 '왜, 어떻게'가 머리에서 떠나지 않아야 해요. 드디어 해답을 얻었을 때 보상을 받은 것 같은 열정이 있어야 합니다.

　소프트뱅크의 창업자 손정의는 "머리가 터질 때까지 생각하고, 생각하고, 또 생각해야 비전이 떠오릅니다."라고 말했고, 삼성그룹의 창업주 이병철도 "아침저녁에도 그 생각, 자고 일어나도 그 생각"이라고 말했어요.

　21세기 혁신의 아이콘인 스티브 잡스의 생각 방식도 유별났지요. 그는 첫 직장인 게임 회사에서 일했을 때 집에도 가지 않고 밤을 지새우며 게임 개발에만 몰두했다고 해요.

　각 분야의 정상을 차지한 사람들의 삶의 방식은 대부분 비슷했어요. 아주 단순하게 자신이 풀어내야 하는 문제에 매달려서 생각하고, 생각하고, 또 생각하는 삶이었지요.

　이처럼 생각하는 과정이 없었다면 위대한 발견은 절대 만들어지지 않았겠지요?

　그들의 대답에서 우리는 몇 가지 중요한 점을 찾을 수 있어요.

첫째, 많은 위대한 사람들이 하나의 문제에 대해 몇 달, 몇 년 동안 끈질기게 생각했다는 것은, 곧 그 문제를 그렇게나 오랫동안 '풀지 못했다'는 뜻이에요.

둘째, 똑똑한 사람들이 오랫동안 해결하지 못할 만큼 문제의 수준과 난이도가 높다는 얘기지요.

셋째, 하지만 이들은 아무리 어려운 문제라도 절대 포기하지 않고 계속 도전하며 다시 생각했다는 거예요.

이것이 바로 창의성이 태어나는 과정이에요. 아무리 머리가 좋은 사람이라도 그 어떤 답변도 돌아오지 않는 막막하고 어려운 문제 앞에 끈질기게 매달린다는 것은 쉽지 않은 일이지요. 모든 사람들이 '몰입'이라는 단어를 직접 사용하지는 않았지만 끈질기게, 쉼 없이, 나 자신을 잊어버릴 정도로 한 가지 생각에 빠져드는 것이 바로 몰입의 힘이라고 생각해요.

잘 모르는 사람들은 '에이, 타고난 천재는 우리와 달라'라고 생각할지도 몰라요. 하지만 이 사람들은 타고난 천재가 아니라 **'생각하기를 포기하지 않은 사람'**이라고 할 수 있겠지요?

의식의 극장

1초도 쉬지 않고 생각하기

사자에게 쫓기는 얼룩말

꼬마 얼룩말은 초원에서 풀을 뜯고 있었다.

밀리서 바람이 불어오자 꼬마 얼룩말은 귀를 활짝 열고 콧구멍을 벌름거렸다.

바람을 따라 건조한 풀들이 솨아아 소리를 내며 한곳으로 눕는 소리, 쌉쌀하면서도 향긋한 푸른 풀 냄새, 혀끝에 서걱서걱 전해지는 감촉까지 하나도 빠짐없이 모조리 느끼고 싶었던 것이다.

'킁킁, 그런데 이게 무슨 냄새지?'

그런데 바람 속에는 풀 냄새만 있는 게 아니었다. 눅진눅진한 짐승의 냄새, 그것도 고기를 주로 먹는 육식 동물의 체취가 묻어 있었다.

꼬마 얼룩말은 조심스럽게 머리를 들어 주변을 살폈다. 그러자 저 멀리 풀 사이에 몸을 납작 웅크린 채 숨어 있는 누런 털이 보였다.

'아뿔싸, 사자구나!'

꼬마 얼룩말은 심장이 쿵 내려앉고 온몸의 털이 바짝 서는 게 느껴졌다. 오래 생각할 시간이 없었다. 그는 빠르게 주변 지형을 살핀 후 전속력으로 달려가기 시작했다.

사자도 자신의 위치가 발각된 걸 깨달은 순간 바로 달려가기 시작했다. 며칠 동안 제대로 끼니를 챙기지 못한 사자에게도 이번 사냥이 간절했지만 목숨이 달린 얼룩말 쪽이 훨씬 더 절박했다.

평소에는 친구들보다 느린 꼬마 얼룩말이었지만 이번만큼은 달랐다. 온몸의 모든 세포가 달리는 데에 집중하는 것 같았다. 순식간에 뒷다리 근육에 평소보다 몇 배나 되는 힘이 붙는 게 느껴졌다.

사자도 무서운 속도로 달려왔다. 하지만 꼬마 얼룩말은 흙먼지를 일으키며 더 멀리, 그리고 더 높이 뛰었다.

'내가 이렇게 빨랐던가?'

자기 스스로도 속도에 놀랄 정도였다. 정신없이 달리던 얼룩말의 눈앞에 낮은 계곡이 보였다. 점프를 하면 건너편까지 훌쩍 뛰어넘을 수도 있는 거리였다. 그러나 어른들이 계곡을 건너는 것은 보았어도 아직 어린 꼬마 얼룩말은 한 번도 도전해 본 적이 없었다.

하지만 넘어야만 했다. 심장이 터질 것 같이 빠르게 뛰고 지독한 공포가 온몸을 조여 왔지만, 이상하게도 정신이 맑았고 집중력은 최고조에 이르렀다. 사자가 가까이 다가오면 다가올수록 한 번도 느껴 보지 못한 막강한 내면의 힘이 꼬마 얼룩말에게 뿜어져 나오는 것 같았다.

'그래, 저길 건너면 살 수 있어!'

꼬마 얼룩말은 자신의 내면에서 울리는 확실한 소리를 따라 힘차게 뒷발을 내디뎠다.

'타악, 휘이익!'

한 번도 해 본 적 없는 엄청난 점프였다. 꼬마 얼룩말은 높이, 그리고 멀리 솟아올라 가뿐히 계곡을 넘어섰다. 이미 아까부터 오래 달리느라 힘을 많이 쓴 사자는 계곡을 넘을 에너지는 남겨 놓지 못한 듯, 으르렁거리다 힘없이 뒤돌아갔다.

하지만 꼬마 얼룩말은 전혀 힘들지 않았다. 태어나서 처음으로 초인적인 힘을 느꼈다. 자신이 마치 슈퍼 얼룩말이라도 된 것 같았다. 꼬마 얼룩말은 하늘을 향해 "히이이잉!" 하고 큰 소리를 질렀다.

'헉, 꿈이었구나.'

잠에서 깬 도윤이는 벌떡 일어나 침대에 멍하니 앉았다. 갑자기 얼룩말이 된 꿈이라니, 어처구니가 없었지만 사자를 피해 달리던 몰입의 쾌감은 여전히 마음속에 남아 있었다.

도윤이는 아직도 두근거리는 심장에 가만히 손을 대 보았다.

'나는 살면서 한 번이라도, 얼룩말처럼 집중해 본 적 있었나?'

사자에게 쫓기는 얼룩말은 몰입을 할 수밖에 없는 상황과 환경이었지만, 쫓기는 상황이 아니더라도 스스로 내 상태를 몰입으로 이끌 수는 없을까? 만약 그게 가능하다면 다시 초인적인 힘을 느낄 수 있을까?

어쩐지 다시 쉽게 잠들 것 같지 않은 밤이었다.

수동적 몰입 VS 능동적 몰입

얼룩말이 사자에게 쫓기면 몰입해야 합니다. 얼룩말이 몰입을 못 하고 이쪽으로 갈까, 저쪽으로 갈까 헤맨다면 바로 사자에게 잡아먹히게 되겠지요. 얼룩말이 최선의 힘을 다하여 도망칠 때 얼룩말의 모든 세포가 활성화됩니다. 그 순간 얼룩말은 생동감이 넘치는 삶, 삶다운 삶을 경험하게 될 거예요.

평상시 우리의 머릿속은 이런저런 생각으로 무질서한 상태를 이루고 있습니다. 하지만 위기의 순간이 되면 갑자기 질서를 갖추고 단 한 가지 목적을 위해 몰입하는 상태로 바뀌게 되지요.

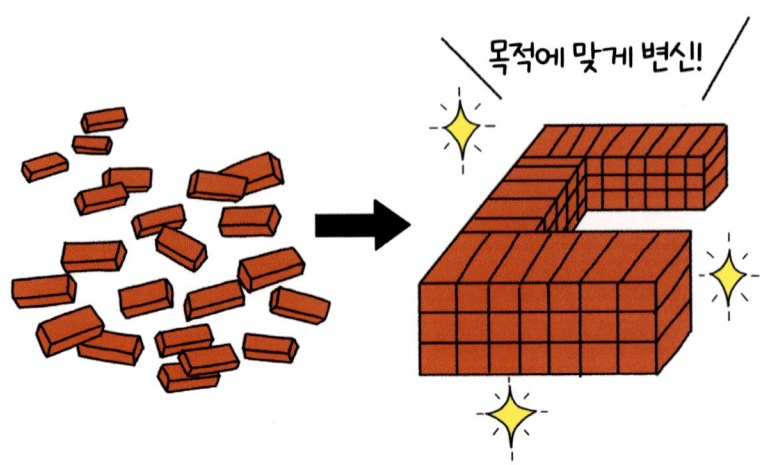

우리 모두에게는 몰입하는 능력이 있습니다. 이는 생물이 진화하는 과정에서 발달된 특별한 기능이니까요. 몰입할 능력이 없는 동물들은 아마 위급한 상황에서 빠르게 대처하지 못하고 멸종되어 버리지 않았을까요?

이처럼 위기의 상황에서 생명을 구하기 위해 어쩔 수 없이 몰입하는 것을 **'수동적 몰입'**이라고 합니다.

아무리 집중력이 약한 사람이라도 위기의 상황에서는 순식간에 몰입하게 되지요. 평소에는 공부를 안 하던 학생들도 시험 전날이 되면 '헉, 이러다 큰일 나겠는데?' 하는 생각에 수동적 몰입을 하기 마련입니다. 하지만 날마다 얼룩말처럼 쫓기는 상황을 만들 수는 없어요. 그렇게 되면 너무 힘들고 지칠 테니까요.

수동적 몰입의 반대말은 **'능동적 몰입'**이에요. 누가 시켜서 억지로 하는 일이 아니라 내가 좋아하는 일을 할 때 나도 모르게 집중하는 상태를 말하지요. 여러분이 게임이나 스포츠를 할 때의 상태가 바로 능동적 몰입이라고 할 수 있을 거예요. 그런데 수동적 몰입과는 달리, 능동적 몰입은 순식간에 되지 않아요. 몰입하는 데에 시간이 조금 걸린답니다.

게임을 처음 시작하는 사람을 생각해 보세요. 게임기를 켜자마자 바로 몰입이 되지는 않잖아요? 테니스를 처음 치는 사람도 마찬가지. 곧장 흥미를 느끼기는 어려워요. 하지만 한 번, 두 번 도전하고 성공과 실패라는 피드백(행동에 대한 정보를 다시 알려 주는 것)이 반복되면 점차 재미를 느끼게 되지요.

그리고 더 잘하고 싶은 마음에 계속 생각하고, 연습하고, 노력하곤 합니다. 이렇게 생각하고, 결심하고, 노력하고, 안간힘을 쓰다 보니 몰입도가 점점 올라가는 경험, 모두 해 본 적 있지요?

그런데 게임이나 스포츠는 의도하면 금세 몰입이 되는데 공부는 왜 잘되지 않는 걸까요? 그것은 '피드백'이 없기 때문이랍니다.

게임 속 세상은 성공, 실패, 레벨 업과 같은 피드백이 즉각적으로 주어집니다. 그에 비해 공부는 결과가 느릿느릿 나오니, 몰입이 어려울 수밖에 없어요.

스포츠나 게임 중에서도 피드백이 느린 종목들이 있어요. 골프나 바둑이 대표적이에요. 공을 한 번 치고 천천히 걸어가는 골프나 한 수 두기까지 오래 생각해야 하는 바둑엔 쉽게 재미를 갖기가 어렵다고 해요. 몰입하는 데 많은 시간이 걸리기 때문이지요. 하지만 골프나 바둑에 빠진 사람들은 쉽게 헤어 나오기 어렵다고 말해요. 그만큼 뒤따라오는 즐거움이 크다는 얘기겠지요?

의도적인 몰입을 해야 하는 순간, 이와 같은 생각을 똑같이 적용하면 어떨까요?

공부를 할 때 이 문제를 푸는 것이 내 삶에서 굉장히 중요하다는 생각을 하는 거예요. 집중이 잘되지는 않지만 잘해 보려고 노력하는 마음, 문제를 풀기 위해 안간힘을 쓰고 버둥거릴 때 우리 뇌는 활성화되어 몰입도가 올라갈 테니까요.

쉬지 않고 한 가지 생각을 할 때 해당 신경 세포와 시냅스는 활발하게 반짝거려요. 작은 자극으로는 시냅스가 쉽게 만들어지지 않지만 일정한 간격으로 계속 자극을 주면 시냅스의 활성화가 일어나지요. 아무리 흥미가 없고 어려운 문제라도 계속 반복해서 생각하면 시냅스는 더욱 튼튼하게 연결될 거예요. 즉, 몰입도를 올릴 수 있다는 이야기지요.

어느 순간 어려웠던 문제가 이해되기 시작하고, 심지어 술술 풀리기까지 하면 활성화된 시냅스 전체에서 도파민이라는 쾌감 물질을 분비할 거예요. 활성화된 시냅스가 많으면 많을수록 그만큼 즐거움의 강도도 커지겠지요?

의도적으로 생각할수록 더 몰입이 되고, 몰입한 만큼 큰 행복을 느끼는 놀라운 원리! 이제 쉽게 이해할 수 있을 거예요.

수동적 몰입은 위험해

수동적 몰입을 하게 되면 뇌에서 어떤 일이 벌어질까요?

동물이 위험에 처하면 노르에피네프린과 에피네프린이라고 하는 신경 전달 물질이 나온답니다.

그 순간, 다른 생각이 나지 않고 완전한 집중이 이루어져요.

낭떠러지 앞에 섰을 때 소름이 쫙 돋는 현상도 이러한 신경 전달 물질이 분비되었기 때문이에요.

그런데 문제는 노르에피네프린과 에피네프린은 독성을 가지고 있다는 거예요.

독사의 맹독보다 더 강한 독성이라고 해요.

위기의 순간에 집중력이 높아지면 스트레스 물질인 코르티솔도 분비돼요.

집중하라고!

물론 이러한 위험한 집중엔 쾌감도 따라오기 때문에 익스트림 스포츠나 스릴 넘치는 활동으로 몰입을 즐기는 사람들도 있어요.

하지만 과도한 스트레스는 면역력을 떨어뜨리고

암과 같은 질병에 걸릴 확률도 높아져요.

수동적 몰입의 중독에서 벗어나, 긍정적인 능동적 몰입으로 바꿔 보는 게 좋겠지요?

퇴계 이황의 '경'

이황은 토계리에 이르러 작은 흙집으로 들어갔다.

"아이고, 대감마님 오셨습니까요."

마당을 쓸던 돌쇠가 화들짝 놀라 이황의 짐을 받았다. 아들 며느리도 나와 고개를 숙여 반갑게 인사를 했다.

"잘들 있었는가. 고향에 오니 좋구먼."

이황은 빙그레 웃어 보였다. 편안하고 행복한 미소였다. 임금은 그에게 여러 차례 관직에 남아 주길 요청했지만 이황이 원하는 것은 조용히 고향에서 후학을 양성하는 일이었다. 이번에도 건강을 핑계 삼아 집으로 돌아온 그는 오랜만에 평화로움을 느꼈다. 이제부터 이곳에서 서원을 만들어 후학을 양성하고 학문에 전념할 터였다.

결심이 선 이황은 고향 집의 작은 뒤뜰을 조용히 거닐었다. 봄의 산자

락 마다 매화꽃이 피었고, 버드나무에는 물기가 차올랐다. 그는 처음 학문의 길을 걷기 시작한 때를 떠올렸다. 어린 시절의 그는 타고난 천재는 아니었지만 공부를 절대 게을리하지 않는 소년이었다. 성리학을 접하고 우주의 이치를 깨달았을 때 눈이 열리는 듯한 그 기분은 잊기 어려운 것이었다. 그는 누구보다 공부에 몰입했다. 방문을 걸어 잠그고 주자가 쓴 글을 수개월간 반복해서 읽은 적도 있었다. 생각에 생각을 거듭해 그 뜻을 헤아리면서 말이다.

그는 평생 성리학을 연구했다. 집중하고 천천히 생각하는 것은 이제 몸에 밴 습관과도 같았다. 하나를 깨닫지 못하겠으면 다시 생각했다. 길을 갈 때도 생각하고 앉아서도 생각했다. 아침에 깨닫지 못하면 저녁에 다시 생각하고, 저녁에도 깨닫지 못하면 다음 날 또 생각했다. 대충 생각하지 않았고, 하다가 포기하지 않았으며, 학문에 치열하게 매달리려 노력했다. 그 결과 이제 그는 어느 정도의 경지에 올라 어떤 식으로 행동해도 법도를 벗어나는 법이 없었다.

그리고 이제 그가 깨우친 학문을 제자들에게 알려 줄 때가 왔다.

이황은 고향 땅에 학교를 만들고 '도산 서원'이라고 이름 붙였다. 그를 존경하는 젊은 유생들이 하나둘 학교로 모여들었다. 학생들은 날마다 책을 읽고 토론하며 지식을 쌓았다. 그러나 지식보다 더욱 중요한 것이 있었다.

그것은 바로 정신적 수련이었다.

시원한 바람이 불어오는 야외에서 수업에 참여한 유생들이 정좌를 하고 앉아 있었다. 이황은 그들을 바라보며 입을 열었다.

"지식만 키운다고 되는 것이 아니다. 우리는 '경'을 간직함으로써 마음을 수양하고 성인이 되어야 한다."

이황이 제자들에게 늘 강조하는 것이었다.

"몸과 마음을 다하여 사물에 집중하라. 잘 때는 자는 것에 집중하고, 책을 읽을 때는 책 읽는 것에 집중하고, 일할 때는 일하는 것에 온 정신을 다해야 한다. 이것을 '궁리'라고 한다."

그의 말에 집중한 제자들의 눈이 반짝반짝 빛났다.

"모든 사물의 본질을 탐구하고 인식함으로써 나의 본질인 착한 마음을 인식하는 것이지. 자, 한번 모두 한 가지 생각에 집중해 보도록 하여라."

유생들은 눈을 감고 바르게 앉았다. 처음엔 집중이 잘 안되었다. 바람 소리, 새소리조차 거슬렸고 잡생각으로 마음이 분주했다. 그러나 끈질기게 한 가지를 생각하고 마음을 비우려고 노력하자 곧 내면의 깊은 곳에 와닿았다. 마음은 고요해지고 편안한 상태에 이르렀다. 번잡하고 시끄러운 생각들이 가라앉자 옳고 바른 하나의 소리만이 마음속에서 퍼지는 것 같았다. 그 순간 느껴진 기분은 분명한 행복이었다.

"이 경지에 도달하면 지혜를 얻고 대상을 올바르게 파악할 수 있느니라."

세상의 이치를 알고자 하는 태도, 참된 내면에 가닿으려는 노력. 이와 같은 하루하루가 나라를 구할 인재를 만들 수 있을 것이라고 생각하며 이황은 기분 좋은 바람을 느껴 보았다.

불교와 성리학의 몰입

우리가 무언가 의미 있는 일을 하려면 인생의 오르막을 올라야 한다고 얘기한 적 있지요? 오르막은 하기 싫은 일, 힘든 일, 어려운 일을 애써 해내는 것을 의미해요. 하지만 문제는 우리의 습관이 내리막이라는 것이지요. 노력하는 것보다는 몸과 마음이 편한 쪽으로 기울어지는 게 인간의 본능이에요. 그럼에도 불구하고 누가 시키지 않아도 오르막을 선택하여 꾸준히 올라간 사람들은 성공을 이루었어요.

별다른 노력 없이 살다 보면 사람은 올바른 길에서 벗어나게 되어 있어요. 이때 우리를 붙잡아 주는 것이 바로 '교육'이라고 할 수 있겠지요?

몰입의 창시자로 알려져 있는 칙센트미하이는 몰입의 3요소를 다음과 같이 이야기했어요.

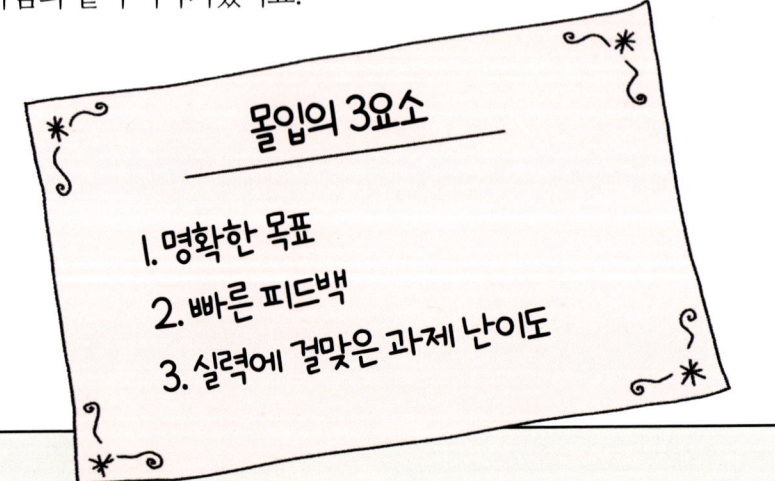

몰입의 3요소

1. 명확한 목표
2. 빠른 피드백
3. 실력에 걸맞은 과제 난이도

어떠세요? 여러분이 좋아하는 게임은 이 세 가지 조건을 완벽하게 만족시킨다는 걸 눈치챘나요? 하지만 공부나 일은 게임과는 달라요.

난이도가 내 실력에 비해 너무 높을 때도 있고, 아무리 기다려도 피드백이 오지 않을 때도 있지요. 하지만 우리가 성장하기 위해서는 어려운 문제에도 몰입할 수 있어야 해요. 그때 필요한 게 바로 '의도적인 노력'이랍니다.

어떻게 의도적으로 노력하냐고요? 아무런 진전이 없어 보이더라도 끊임없이 생각하고 또 생각하는 거예요. 마치 불교의 '간화선'처럼요.

간화선은 불교에서 쓰는 참선의 방법이에요. '간화'란 '화두를 보게 하다'라는 뜻이지요. 화두는 수행자가 깨달음을 얻기 위해 구하는 문제를 뜻해요. 아주 철학적이고 깊은 주제지요.

스님들은 이 중요한 한 가지 질문을 마음속에 깊이 품고, 명상하면서 생각하고 또 생각한다고 해요.

화두엔 정해진 답이 없기 때문에 노력한다고 해서 결과가 바로 나오지 않아요. 난이도가 나와 맞는지도 알 수 없고 피드백도 없으

니 길 없는 길을 가는 것처럼 외롭고 답답한 일이지요. 하지만 당장 해결책이 나오지 않더라도 스님들은 계속 이 화두에 매달려요. 그렇게 몰입하며 수행은 깊어집니다.

이렇게 수행을 거듭하다 보면 어느 순간 신비로운 상태에 도달

한다고 해요. 오로지 화두와 나만 존재하는 고도의 집중 상태! 불교에서는 이것을 '깨우침'이라고도 불러요. 그 순간을 경험한 사람들이 말하길, 마음이 너무 행복해서 저절로 자비심이 생기며 부처님이 된 것처럼 느껴진대요. 그런데 몰입을 체험한 많은 사람들이 이와 비슷한 행복을 느끼고 있어요.

몰입에 대해 조사하다 보니 신기한 것이 또 있었어요. 조선 시대 선비들의 수행 과정 또한 불교의 간화선이나 몰입과 매우 닮았다는 것이었어요.

옛날 조선 시대 선비들은 '경'이라는 사상을 중요하게 생각했어요. '경'은 생각이나 판단을 멈춘 상태에서 마음을 고요하게 간직하는 것이지요.

옛 학자들은 인간의 마음은 본래 선하지만 여러 잡념이나 계산 때문에 이기적으로 변했다고 보았어요. 그래서 다시 마음을 깨끗하게 닦아 내기 위해 수행을 계속했지요.

선비들은 마음을 고요하게 두고 하나의 질문에 끝까지 집중하며 진리에 도달하기 위해 애썼다고 해요. 이야기 속에 등장한 퇴계 이황 선생도 이러한 수련을 무척 중요하게 생각했고요.

이런 불교나 성리학의 수행은 뉴턴이나 아인슈타인처럼 위대한 과학자들이 오랜 기간 몰입하여 아이디어를 얻는 과정과 비슷한 맥락이랍니다.

하나의 문제를 계속 생각하면 몰입도가 올라간다는 건 몇몇 천재들만이 경험한 특별한 사건이 아니에요. 평범한 사람들도 수행을 통해 도달할 수 있는 보편적인 현상이에요.

자, 이제 우리도 몰입을 실제로 경험할 차례예요!
우리는 종교적인 깨달음을 얻거나 인격을 수양하기 위해 몰입하는 게 아니에요. 또 해결되지 않은 과학의 비밀을 풀기 위함도 아니지요.

  우리가 몰입하는 이유는 일상 속에 마주치는 크고 작은 문제를 해결하고 내가 가진 능력을 최대로 발휘하기 위해서예요.

  몰입의 비밀을 알게 되면 창의적으로 뇌를 개발하고, 평온하고 행복한 마음 또한 얻을 수 있으니까요.

  그럼 이제부터 조상들이 남긴 유산이기도 한 몰입의 방법을 우리 삶에 꼭 필요한 기술로 익혀 볼까요?

어떤 상태로 몰입해야 할까요?

시간의 압박 속에서 스트레스를 잔뜩 받으며 몰입할 수도 있고

느긋하고 멍하게 몰입할 수도 있어요.

두 가지 방법 모두 몰입에 필요해요.

난이도가 낮고 끈기가 필요한 업무는 약간의 스트레스가 필요해요.

그런데 난이도가 높고 많은 능력이 필요한 경우에는 천천히 생각하는 게 유리해요.

창의적인 아이디어는 느긋하게~

우리 뇌는 기억을 저장하기도 하고 저장한 기억을 인출하기도 해요.

암기나 주입식 교육은 기억을 저장하는 일이고,

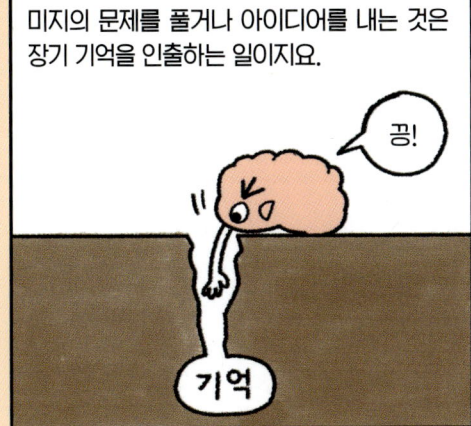

미지의 문제를 풀거나 아이디어를 내는 것은 장기 기억을 인출하는 일이지요.

장기 기억을 인출하고 싶다면 몸과 마음을 편안하게 이완시킨 다음 호흡에 집중해요.

스르륵 잠이 오면 꾸벅꾸벅 졸아도 괜찮아요.
몸과 마음을 완전히 이완시켜야만 장기 기억을 인출하고 행복하게 몰입을 즐길 수 있답니다.

윤선이네 발표 수업

윤선이는 며칠 전부터 조별 과제에 발표 내용을 어떻게 구상하면 좋을지 생각하고 있었다. 반 친구들에게 날씨와 기후에 대해 발표해야 하는데, 일단 같은 조 친구들과 역할을 골고루 나누는 것부터 여간 쉬운 일이 아니었다.

기후에 대한 내용을 완벽히 숙지하면서도 지루하지 않고 재미있게 설명하는 게 관건이었다. 그런데 같은 조인 도윤이는 태풍의 세기에 대한 자료를 외워 오라고 해도 머릿속에 잘 들어오지 않는다면서 장난만 치니 조금 난감하기도 했다.

'에이, 아직 시간도 많은데 스트레스 받지 말고 천천히 생각하자.'

윤선이는 마음을 편안하게 먹고, 자료 조사부터 꼼꼼히 해 두었다. 그리고 틈만 나면 어떻게 발표를 할 것인지를 계속 생각했다. 딱히 좋은 아이디어는 떠오르지 않았지만 그래도 생각을 멈추지 않으려고 했다. 주말에는 작정을 하고 생각하는 시간을 가져 보았다.

　토요일 오후, 기후에 대한 책을 읽던 윤선이는 소파에 편안한 자세로 멍하니 앉아 있었다. 여름철 열대 바다, 공기의 상승, 회전하는 소용돌이, 태풍의 여러 가지 이름, 태풍의 강도……. 그렇게 멍한 상태에서 늘 하던 생각을 슬며시 이어 가는데 몸에 긴장이 풀린 탓인지 눈꺼풀이 무겁게 내려앉았다. 그래도 윤선이는 머리를 소파에 기대고 생각을 계속 이어 나갔다. 멀리, 손이 닿지 않는 곳에서 괜찮은 아이디어들이 아지랑이처럼 떠오를 것 같았다.

"어머, 윤선아. 불편하게 그러지 말고 방에 들어가서 편하게 자."

엄마의 목소리에 윤선이는 금세 생각에서 빠져나왔다.

"응? 나 안 잤어. 생각하고 있었던 거야."

엄마는 웃으면서 대답했다.

"무슨~, 너 방금 코까지 골던데?"

"으응? 내가?"

윤선이는 화들짝 놀랐다. 평소처럼 깊은 잠을 잤다면 생각이 뚝 끊어졌다는 것을 느꼈을 텐데, 지금은 분명 그런 기분이 아니었다. 몸은 묵직했지만 생각은 한 번도 끊어지지 않고 이어졌기 때문이다.

이런 걸 '선잠'이라고 하는 걸까?

윤선이는 다음 날에도 소파에 앉아 다시 생각을 이어 나갔다. 이윽고 또 졸음이 쏟아졌지만 참지 않고 스르륵 눈을 감았다. 기후와 관련된 다양한 내용들을 생각하던 도중에 예능 프로그램에서 봤던 한 장면이 윤선이의 눈앞에 휙 지나갔다. 출연자들이 웃는 장면에서 잠시 화면이 멈추다 다른 장면이 나오기도 하고, 재치 있는 자막이 스쳐 지나가기도 했다.

선잠에서 깬 윤선이는 방금 생각난 프로그램이 무엇인지 궁금했다. 유튜브를 검색하다 보니 문득 이런 생각이 들었다.

'우리 발표도 이런 식으로 편집하면 재밌겠는데?'

윤선이는 방금 떠오른 아이디어가 마음에 들어 자기도 모르게 빙그레 웃고 말았다.

"17미터 퍼 세크에서 24미터 퍼 세크!"

윤선이가 외치자 모자챙을 뒤집어쓰고 나온 도윤이는 힘겹게 걷는 연기를 하기 시작했다.

"으으으, 바람이 너무 세서 숨 쉬기가 어려워!"

도윤이의 실감 나는 연기에 친구들이 모두 아하하 하고 웃었다.

"25미터 퍼 세크에서 34미터 퍼 세크!"

"끄아아악!!"

도윤이는 나무가 되어 뿌리가 뽑히는 연기를 했다. 도윤이가 어찌나 재

미있게 열연을 하는지 수업에 통 집중을 못 하던 개구쟁이들도 눈을 반짝거리며 발표 수업을 보고 있었다.

도윤이가 연기하는 중간중간 다른 친구는 마치 자막처럼 칠판에 커다랗게 숫자와 핵심 내용을 썼고 윤선이는 태풍의 크기를 표현하는 방법과 역대 태풍으로 인한 피해 정보까지 알차게 설명했다. 역시나 발표는 대성공이었다.

"2조는 학습 내용도 좋았지만, 친구들에게 전달하는 구성을 무척 신경 써서 재밌게 잘했네요. 좋은 아이디어를 내서 보여 준 2조 친구들에게 큰 박수를 쳐 줄까요?"

선생님의 칭찬에 윤선이는 어깨가 으쓱했다. 같은 조 친구들 모두 윤선이를 향해 엄지를 척 하고 올려 주었다.

잠과 몰입

해결해야 하는 문제가 있으면 사람들은 스트레스를 받곤 해요. 물론 적당한 걱정이나 스트레스는 몰입에 도움이 되지만 과도한 걱정은 고통스러운 감정만 느끼게 할 뿐, 문제 해결에 큰 도움을 주지는 않지요.

걱정이나 스트레스가 문제를 해결하는 것이 아니라 걱정이 가져온 몰입 상태가 문제를 해결하는 것이니까요. **문제를 잘 해결하기 위해서는 걱정과 스트레스를 최대한 줄이고 몰입의 효과를 최대한 크게 키우려고 노력해야 해요.**

그래서 제가 추천하는 것이 바로 **슬로싱킹!** 천천히 생각하는 거예요. 불교의 스님들이 참선을 하거나 성리학의 선비들이 명상에 잠기듯 말이에요.

온몸에 힘을 빼고 편안하게 앉아 마음을 차분하게 가라앉혀요. 그러고 나서 고민하던 문제를 아주 천천히 생각해요. 이처럼 온몸에 힘을 빼고 명상하듯 생각하면 머리가 아프거나 스트레스 받을 일은 없을 거예요. 게다가 기분도 좋고, 생각하는 것도 재미있어져요. 무엇보다 아이디어가 아주 잘 나온답니다.

그런데 편안한 상태에서 천천히 생각하다 보면 졸음이 찾아오곤 하지요. 애써 졸음을 쫓아내지 않으면 까무룩 선잠에 들곤 해요. 어떤 사람들은 '앗, 생각해야 하는데 잠이 들다니!' 하며 억지로 잠을 쫓기도 하지만, 제가 보기엔 생각하는 도중 선잠에 드는 것은 아주 좋은 현상이에요. 이 상태에서 우리의 생각이 의식의 깊은 곳까지 닿게 되거든요. 그 순간 정말로 좋은 아이디어가 나오는 경우도 많지요.

최면 상태에서 까마득한 옛날 기억이 떠오르는 것처럼 선잠 상태서는 장기 기억이 활성화되니까요.

이야기 속의 윤선이는 분명 생각을 하고 있었는데 엄마는 윤선이가 코까지 골면서 잠을 잤다고 했어요. 이처럼 자신은 잠들지 않았는데 주위 사람들이 잠을 잤다고 하는 것이 선잠의 특징이에요.

만약 어떤 문제를 오랜 시간 곰곰이 생각하다가 선잠이 들면, 선잠 상태에서도 그 문제를 계속 생각하게 돼요. 잠에서 깨어 의식이 돌아와도 그 문제를 이어서 생각하지요. 이처럼 생각이 연속적으로 이어지기 때문에 정작 자기 자신은 지금 잠이 든 상태인지, 생각에 빠져 있는 상태인지 구별이 안 될 때가 많아요.

물론 선잠이 들었을 때의 몰입과 깨어 있을 때의 몰입은 아주 달라요. 선잠 상태에서는 생각이 분석적이거나 비판적이지 않아요. 무척 단순하게 주어진 문제만을 생각할 뿐이에요. 게다가 생각의 주제가 문제와 살짝 벗어나 있기도 해요.

그럼에도 불구하고 선잠이 몰입에 도움이 되는 것은 다른 정보의 입력이 차단되기 때문이지요.

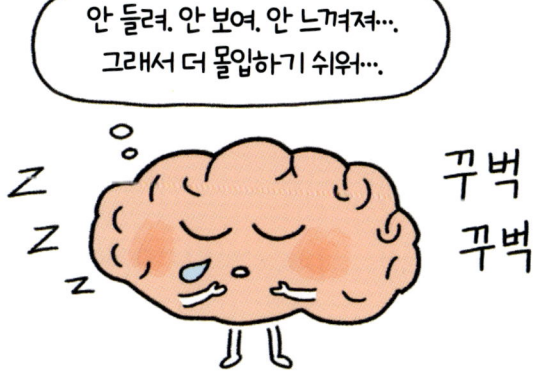

이러한 선잠 상태에서 문제 해결력이 올라간다는 것은 최신 뇌 과학 연구에서도 확인되었어요.

프랑스 국립보건의학연구소의 뇌 과학자들은 실험자들에게 각기 다른 상태에서 수학 문제를 풀도록 했대요.

그런데 선잠 상태에 빠진 사람들의 풀이 능력이 가장 높게 나타났다고 해요!

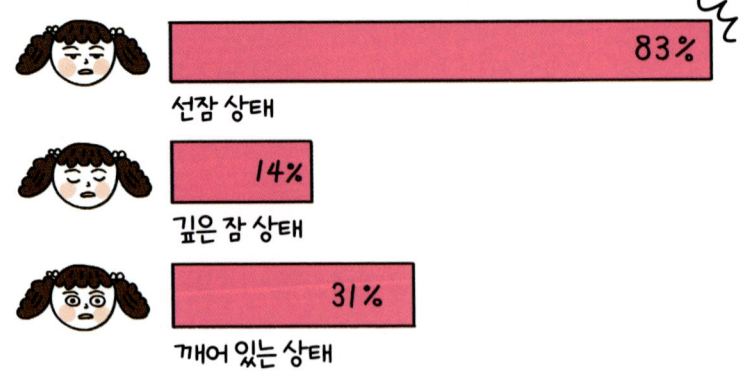

저는 이러한 선잠을 몰입에 적극 활용해 보았어요. 처음에는 생각을 하다가 선잠이 들면 어렴풋하게 떠오른 아이디어를 놓칠 때도 있었고 그렇게 흘러간 생각을 아까워하기도 했어요.

하지만 지금은 선잠 중 떠오른 생각이 주어진 문제를 해결하기 위해 오래된 기억에서 실마리를 꺼내는 과정이란 것을 확실히 알게 되었지요.

서양 속담에 'Sleep on the problem'이라는 말이 있어요. 중요한 문제가 잘 풀리지 않을 땐 잠을 자면서 그 문제에 대해 생각하라는 뜻이에요. 이러한 속담이 생길 정도면 자는 동안 문제가 풀린다는 이야기가 저를 비롯한 몇몇 사람들만의 주장이 아니라는 걸 알 수 있겠지요? 생각보다 많은 사람들이 일반적으로 이와 같은 경험을 하고 있어요.

또 유명한 사람들이 꿈을 꾸거나 선잠을 자는 동안 위대한 발견을 했다는 에피소드도 많이 들어 보았을 거예요.

왜 이러한 현상이 일어나는 걸까요?

이제 우리는 뇌 과학으로 잠과 몰입 사이에 어떤 관계가 있는지 알아볼 거예요.

선잠 상태의 뇌에서는 어떤 일이 벌어질까요?

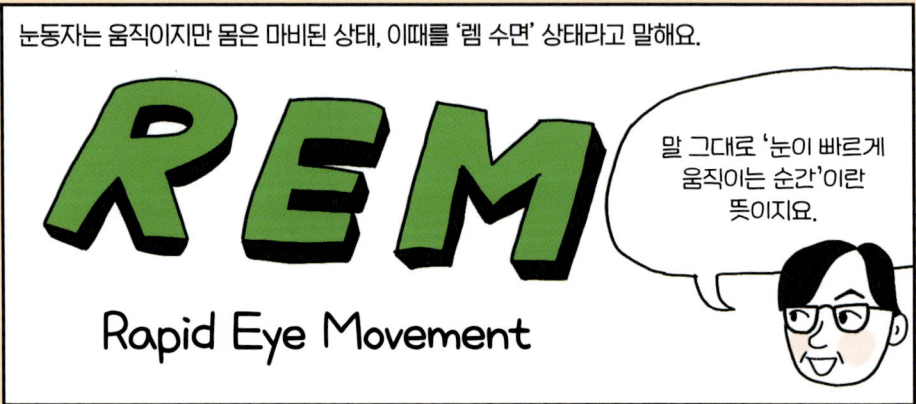

렘 수면 상태의 가장 큰 특징은 바로 꿈을 꾼다는 거예요.

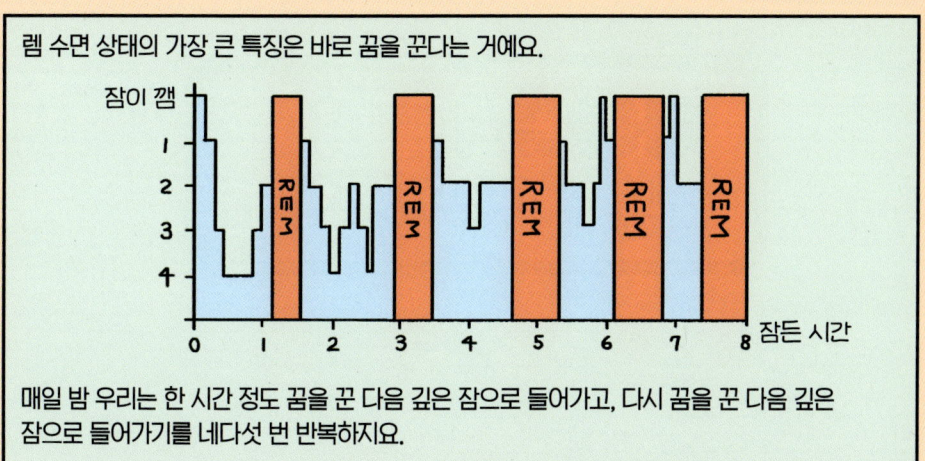

매일 밤 우리는 한 시간 정도 꿈을 꾼 다음 깊은 잠으로 들어가고, 다시 꿈을 꾼 다음 깊은 잠으로 들어가기를 네다섯 번 반복하지요.

단기 기억과 관련된 신경 전달 물질은 깨어 있는 상태에서 분비가 잘 되지만,

장기 기억 인출과 관련된 신경 전달 물질은 렘 수면 상태에서 최대가 되지요.

또 깨어 있을 때엔 전두엽이 감정의 뇌인 편도체를 억제하지만, 잠들어 있을 땐 전두엽의 활동이 약화되거든요.

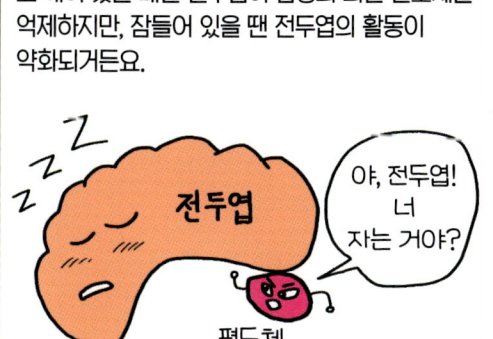

이때 오래된 기억을 담당하는 감정의 뇌가 활성화되면서 장기 기억 인출이 더 활발해지기도 한답니다.

아이디어는 이미 내 안에 있었다

천재 발명가의 비밀

한 노인의 집에 중년의 사내가 문을 열고 들어왔다. 그를 맞이하는 노인의 키는 대단히 컸고 하얗게 센 머리는 깔끔하게 정돈되어 있었다. 그의 단정한 슈트에서는 은은한 향수 냄새가 풍겼다. 임종을 얼마 안 남긴 환자라는 사실이 믿기지 않을 정도로 세련되고 멋진 모습이었다.

"삼촌, 무슨 일이세요?"

중년의 사내가 예의 바르게 물었다. 노인의 여동생의 아들인 사바 코사노비치였다.

"얘야, 너도 알다시피 나는 살날이 얼마 안 남았단다. 역시 알다시피 나에겐 가족이 없지. 그래서 말인데 내가 죽으면 남은 재산과 유품을 네가 정리해 줄 수 있겠니?"

노인의 말에 코사노비치의 가슴이 쿵 하고 내려앉는 것 같았다. 이 시대 최고의 천재가 남긴 모든 업적을 정리해야 하는 사명이 자신에게 주어졌기 때문이다.

그의 눈앞에 서 있는 노인은 니콜라 테슬라. 에디슨의 강력한 라이벌로 손꼽히기도 했던 천재 발명가였다. 그는 교류 전기의 아버지라고 불릴 뿐 아니라 선풍기와 세탁기에 들어가는 회전 모터처럼 우리 생활에 필요한 수많은 발명품을 만든 인물이었다. 테슬라 코인과 테슬라 터빈, 각종 무선 조종 기술까지… 아직 사업화 되지 못한 발명품이나 아이디어까지 합한다면 그 양은 어마어마할 것이다.

"그럼 제가 무엇을 정리해야 하지요?"

코사노비치는 부쩍 야윈 삼촌을 바라보며 물었다.

"내 개인 물건뿐만 아니라 발명에 관련된 문서들도 모두 고국 세르비아로 옮겨 다오. 그리고 잘 보존되도록 관리해 줄 수 있겠지?"

코사노비치가 슬픔을 삼키며 고개를 끄덕이자 테슬라는 오랫동안 품에 간직한 노트를 조심스럽게 꺼냈다.

"그리고……. 이것도 잘 부탁한다."

코사노비치가 노트를 펼치자 그 안에는 다양한 아이디어와 설계, 실험 기록 등이 적혀 있었다. 주요 발명품과 관련된 아이디어도 있었고, 단순하게 생각을 기록하는 것을 넘어 발명품의 원리와 어떻게 작동하는지까지가

상세하게 그려져 있었다.

코사노비치는 놀란 눈으로 테슬라를 바라보았다.

"세상에! 이 많은 걸 전부 다 삼촌이 쓰신 거예요?"

테슬라는 주변을 살피더니 비밀스럽게 이야기했다.

"그렇긴 한데……, 너에게만 고백할 게 있어."

테슬라는 조용히 속삭였다.

"사실 이건 내가 쓴 게 아니야."

"네에? 그게 무슨 말이세요?"

"누군가가 밤마다 이것을 쓰고 가는 것 같아."

테슬라의 말은 이랬다. 매일 밤 그는 필기도구와 노트를 침대 옆에 올려 두고 잠자리에 들었다. 잠들기 직전까지 연구 중인 것들을 골똘히 생각하다 자기도 모르는 사이에 까무룩 잠들곤 했다. 그런데 다음 날 아침에 깨어나 보면 노트에 발명품에 대한 설명이 적혀 있는 것이 아닌가?

테슬라는 매일 아침 화들짝 놀라 연구실로 향한 후, 노트에 적혀 있는 그대로 실험을 해 보았다. 결과는 매번 성공이었다. 그가 발표한 수많은 발명품은 그렇게 만들어졌다는 것이다!

"그, 그럴 리가요. 그럼 외계인이라도 와서 삼촌의 노트에 아이디어를 적었다는 말인가요?"

"그건 나도 알 수 없지. 아무튼 신비로운 일이야. 가끔 나는 꿈속에서 내가 꿈을 꾸는 중이라는 걸 자각하곤 해. 그 안에서 복잡한 발명품을 설계하기도 하고 문제를 해결하기도 했거든."

테슬라는 즐거운 꿈을 꾸는 듯 설레는 얼굴이었다.

"참 즐거운 시간이었어. 멋진 인생이었지. 후후."

코사노비치는 개구쟁이처럼 웃는 삼촌을 살짝 낭황스러운 표정으로 바라보았다. 그제야 그는 노트의 비밀을 조금은 알 것 같았다.

외계인은 저 괴짜 발명가, 테슬라 자신일지도 모를 일이다. 이 노트는 그가 잠이 든 상태에서 자기도 모르게 적은 게 아닐까? 그가 기억하지 못하는 순간에도 테슬라의 잠재의식은 꿈을 통해 해답을 얻었고 무의식중에 기록했을지도 모르겠다. 아니, 어쩌면 테슬라는 몽유병 환자였을지도 모를 일이다.

어찌 되었든 상관없었다. 코사노비치는 인류의 발전에 크게 이바지할 아이디어 노트를 소중하게 손에 쥐었다. 삼촌이 세상을 떠난 뒤에도 그의 창의력은 오래오래 역사에 남을 것을 확신하면서 말이다.

수면의 과학

　우리가 문제를 해결하고 아이디어를 얻는 과정은 우리의 머릿속 어디엔가 깊게 묻혀 있는 장기 기억을 꺼내는 일이에요.

　장기 기억은 긴장된 상태보다 이완된 상태에서 더 잘 인출된다는 사실은 앞에서도 여러 번 이야기했지요? 완전히 긴장을 풀고 편안한 상태일수록, 특히 막 잠에 들었을 때가 장기 기억이 가장 활발하게 나오는 순간이랍니다.

　최면 상태에 빠진 사람을 본 적 있나요? 몽롱한 상태에서도 최면가의 질문에 이런저런 대답을 하기도 하고, 아주 어린 시절의 일이나 스스로 몰랐던 나의 모습까지 기억해 내지요. 잠이 든 상태에서는 장기 기억 인출에 도움이 되는 '아세틸콜린'이 많이 분비되고, 또 전두엽의 억제가 풀리면서 기억의 뇌가 활성화되기 때문이에요. 이 상태에는 거의 천재의 뇌가 된다고 할 수 있어요. 최면 상태에서 아주 까마득한 예전 일까지 마치 천재처럼 기억하는 것과 비슷하지요.

　잠을 자는 동안 위대한 발명 아이디어를 생각해 낸 테슬라처럼 우리도 엄청난 꿈을 꾼다면 정말 멋지겠지요? 하지만 매일 밤 아이디어는커녕 엉뚱한 개꿈만 꾼다고요? 맞아요. 대부분의 사람들

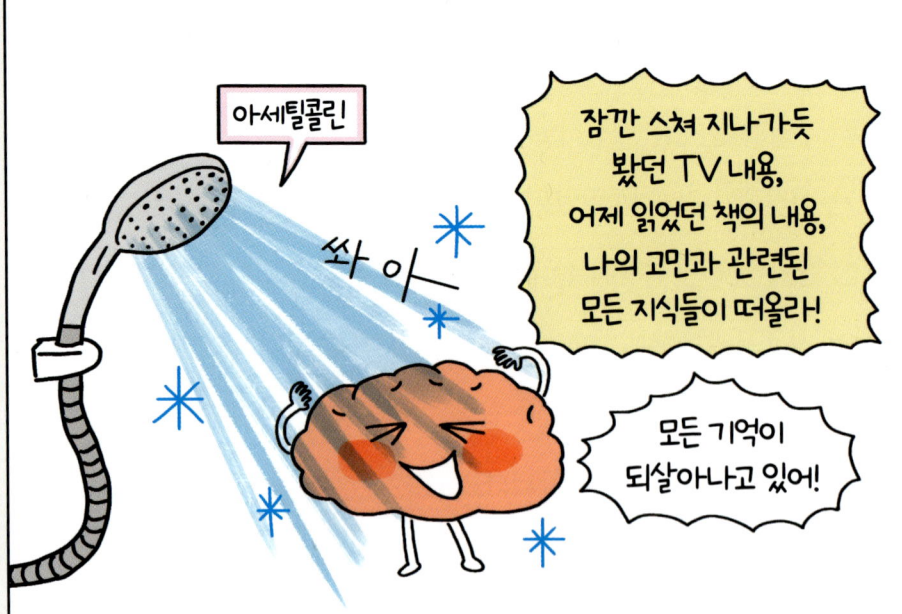

은 꿈을 제대로 활용하지 못해요.

그럼 어떻게 해야 '천재의 뇌'를 활용할 수 있을까요?

불교의 간화선에서는 '숙면일여'라는 말이 있어요. 깊은 잠 속에서도 화두를 생각하는 것을 말해요. 그런데 이 상태가 되려면 무려 50시간 동안 쉬지 않고 한 가지 문제를 생각해야 한다고 해요.

그것이 바로 천재의 뇌를 만드는 몰입의 비법이에요! 만약 여러분이 고도의 몰입을 할 수 있게 되면 잠을 자는 동안에도 주어진 문제를 풀기 위해 계속 생각하게 될 거예요.

몰입 상태에 있는 뇌는 잠을 자면서도 문제 해결을 위해 노력할 것이고, 장기 기억을 사용해서 놀라운 아이디어를 생각해 내겠지요. 물론 특별한 목표 없이 그냥 잠이 들면 그저 그런 꿈들만 계속 꾸게 되는 것이고요.

우리는 앞서 렘 수면 상태에서 모두가 꿈을 꾼다고 배웠어요. 하지만 아침에 일어나면 깨기 직전의 꿈만 어렴풋이 기억날 뿐 대부분의 꿈은 잊히게 마련이에요. 결국 꿈속에서 문제 해결에 도움이 되는 많은 아이디어가 떠올랐어도 대부분 까먹게 되지요. 그런데 평소와 다름없이 일상을 살다가 갑자기 아이디어가 번개처럼 떠오르던 경험, 있지 않았나요?

선잠 상태에서는 아무리 좋은 아이디어가 떠올라도 따로 기록하지 않으면 쉽게 잊어버려요. 선잠을 잘 땐 기억에 필요한 신경 전달 물질의 양이 적게 분비되거든요. 그렇다고 이 기억이 아예 사라진 것은 아니에요. 머릿속 어디엔가 머물러 있다가 어느 순간 갑자기 떠오르곤 하니까요.

역사적으로 위대한 과학적 발견은 우연한 영감으로 이루어진 경우가 많아요. ==이것을 '세렌디피티'라고 불러요. 세렌디피티는 우연히 얻게 된 좋은 일을 뜻하는 단어랍니다.==

아인슈타인은 직장에서 일을 하다가 문득 중력에 대한 아이디어가 떠올랐어요. 그 아이디어는 결국 유명한 '상대성 이론'을 정리하는 데까지 이어졌지요.

양자 역학의 핵심 이론인 '불확정성 원리'를 발견한 하이젠베르크도 열병에 걸려 요양을 하던 중에 갑자기 좋은 영감이 떠올랐다고 해요. 최초로 증기 엔진을 발명한 제임스 와트도 휴일에 초원을 거닐다가 갑자기 떠오른 생각 덕분에 증기 기관의 문제를 해결할 수 있었답니다.

이러한 과정은 역사 속 수많은 천재들이 경험했던 일들이에요.

  한 가지 일에 완벽하게 몰입했던 사람들이 선잠 상태에서 수많은 아이디어와 만나고, 일상생활을 하다가 우연히 그 아이디어를 다시 떠올린 신비로운 상황! 이제 뇌 과학으로 이 모든 과정을 설명할 수 있게 되었답니다.

  평소에는 쉽게 떠오르지 않는 기발한 생각들이 마르지 않는 샘처럼 떠오르는 기분은 마치 흥미진진한 게임을 플레이 하는 것처럼 신이 나지요.

  이때의 쾌감은 도파민 중독처럼 부작용이 따라오지도 않아요. 건강하고 기분 좋은 몰입의 쾌감, 여러분도 느껴 보고 싶지 않나요? 다음 장에서는 몰입의 실행 방법에 대해 알아볼 거예요.

꿈을 이용한 천재들

03 몰입을 시작해 보자!

편안한 상태에서 몰입이 시작된다

약한 몰입을 시작해 볼까요?

달리는 얼룩말의 꿈을 꾼 이후, 도윤이는 한번 후회 없이 열심히 공부해 보겠다고 다짐했다. 엄마는 기뻐하며 수학 학원을 등록해 주셨다.

하지만 막상 안 하던 공부를 하려니 몸과 마음이 힘들었다. 학원에서 문제 풀이를 하다가 어려운 문제를 만나면 긴장감에 머릿속이 하얘지는 것 같았다.

"도윤아, 집중 못 하니? 집중해, 집중!"

선생님의 날카로운 목소리에 압박감이 더욱 거세졌다. 이렇게 가슴이 쿵쿵 뛰는 상태에서 집중을 해야 한다니, 공부는 역시 고통스럽고 힘든 일이라는 생각이 들었다.

'여기서 성적이 더 떨어지면 큰일인데…….'

학원을 마치고 집으로 가는 길, 도윤이는 불안한 생각에 땅이 꺼져라 한

숨을 푹 내쉬었다.

"웬 한숨? 너 무슨 고민 있냐?"

소리 나는 쪽을 돌아보니 윤선이었다.

"에이, 고민은 무슨……."

도윤이는 쭈뼛거리다가 누구에게라도 털어놓고 싶은 마음에 수줍게 입을 열었다.

"아니, 나도… 너처럼 공부를 좀 해 보고 싶은데 집중하는 게 어렵네. 긴장도 되고, 압박감도 들고. 그래도 공부를 잘하려면 이 고통을 참아 내야 하는 거겠지?"

그러자 윤선이가 놀란 듯 눈을 동그랗게 뜨고 되물었다.

"정말? 긴장된 상태에서 공부를 하면 스트레스 엄청 받지 않아?"

윤선이는 비밀 기법을 알려 주듯 생긋 웃으며 말했다.

집으로 돌아온 도윤이는 윤선이가 알려 준 대로 해 보기로 했다. 일단 편안한 의자에 몸을 기대고 앉았다. 쉬는 것처럼 안락한 상태가 되었다. 일단은 아무 생각도 하지 않으려고 노력했다. 약 5분 동안 스마트폰이나 TV도 보지 않고 느긋하게 몸과 마음을 쉬도록 놔둔 것이다. 잠시 동안 그렇게 있다 보니 마음이 가라앉고 머리가 맑아지는 느낌이 들었다.

'그럼 슬슬 시작해 볼까?'

도윤이는 아까 윤선이가 적어 준 수학 문제를 꺼내어 읽어 보았다.

'으윽, 이게 다 무슨 소리야!'

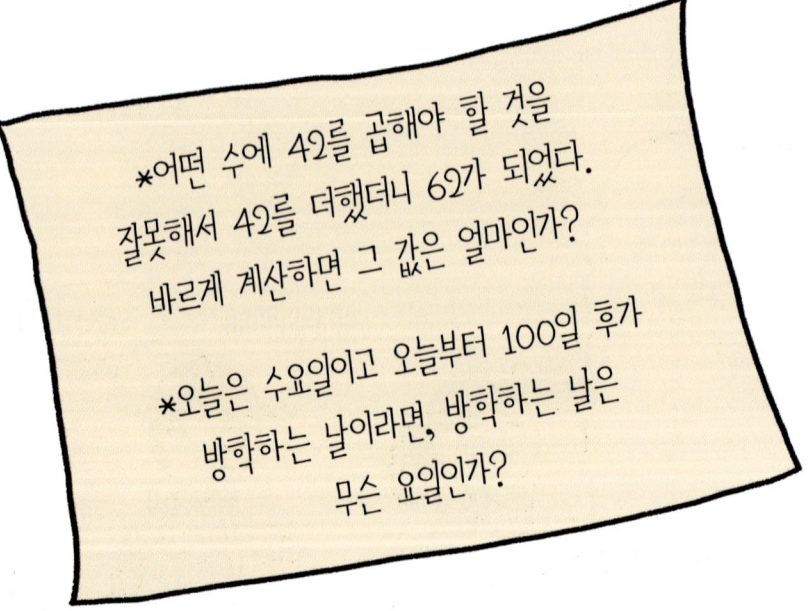

* 어떤 수에 42를 곱해야 할 것을 잘못해서 42를 더했더니 62가 되었다. 바르게 계산하면 그 값은 얼마인가?

* 오늘은 수요일이고 오늘부터 100일 후가 방학하는 날이라면, 방학하는 날은 무슨 요일인가?

답답한 마음에 답부터 내놓으라고 전화를 걸고 싶었지만 일단은 느긋한 상태를 유지해야 했다. 도윤이는 손을 쓰지 않고 머릿속으로 문제를 풀어 보라는 윤선이의 말대로 곰곰이 생각해 보았다.

'수학 문제를 풀 때 답이 맞고 틀리고에 연연하지 말고, 생각 그 자체에 집중해 봐.'

윤선이의 확신에 찬 목소리가 들리는 것 같았다. 몇 분 동안 생각하다 보니 어떤 식으로 문제를 해결해야 할지 실마리가 잡히는 것 같았다. 아직은 확실히 알 수 없지만 도윤이에게도 할 수 있다는 자신감이 조금씩 차오르기 시작했다.

약한 몰입을 위한 조언

몰입도를 올리려면 오래 생각해야 하지요. 그런데 오래 생각하려면 몸과 마음이 편안해야겠지요?

이때 필요한 것이 바로 '슬로싱킹'이에요. 말 그대로 천천히 생각하는 것이지요. 그런데 많은 사람들이 슬로싱킹을 잘 이해하지 못해요.

하지만 이것은 슬로싱킹을 직접 체험해 보지 않은 상태에서 하는 걱정이에요.

실제로 도전해 보면 슬로싱킹은 전혀 어렵지 않다는 걸 알게 될 거예요. 방법만 알면 누구라도 할 수 있는 아주아주 단순한 생각법이거든요.

슬로싱킹의 핵심은 생각의 끈을 1초도 놓지 않는 거예요. 내가 생각해야 하는 문제에 대해 계속 주의를 기울이는 것이지요. 그러면서 동시에 몸과 마음은 편안하게 유지해야 해요.

시간에 쫓겨 책상 앞에서 머리를 쥐어뜯으며 고민하는 것은 슬로싱킹과 거리가 멀지요.

대부분의 사람들은 생각하는 것에 익숙하지 않아요. 많은 경우에 정답이 바로 나오는 문제만 풀었고, 답을 모르겠으면 주변에 도움을 청해서라도 빠르게 답을 해결했기 때문이에요. 그러나 시간이 지나고 배움이 깊어질수록 빠르게 해결할 수 없는 문제들이 많아진답니다. 공부의 내용도 어려워지고 정답이 정해지지 않은 문제도 많거든요. 창의성을 발휘해야 하는 난관에 부딪히는 상황도 종종 있고요.

얼마 전 한 대학생이 저에게 고민을 토로한 적이 있었어요.

어렸을 땐 공부를 잘하는 편이었는데 지금은 스스로 연구하고 새로운 생각을 정리하는 게 너무 어렵다는 고민이었지요.

저는 그 학생에게 몰입을 알려 주며 딱 세 가지를 조언했답니다.

첫째 해결해야 하는 문제와 관련된 자료를 읽고 생각하는 데에만 집중하세요.

둘째 결과에 연연하지 말고 과정에 최선을 다하세요

셋째 잠을 자면서도 그 문제를 해결하는 상태가 될 때까지 1초도 놓치지 않고 주제에 대해서 생각하세요.

그 학생은 자투리 시간이 날 때마다 해결해야 할 주제에 대해 습관적으로 생각했고 실제로 좋은 아이디어를 떠올렸어요. 그러다 보니 생각의 재미를 알게 되었다고 해요.

그 이후로 삶의 많은 부분이 변화되었다고 하더라고요. 처음 접

하거나 잘 풀리지 않는 문제를 만나도 짜증 내거나 당황하기보다는 인내를 가지고 천천히 꾸준히 생각하려는 태도를 갖게 된 거예요. 문제가 풀릴 때마다 행복도 커져 갔어요.

우리는 눈앞에 어려운 문제가 닥치면 심리적 긴장감과 스트레스를 받아요. 하지만 발을 동동 구른다고 해서 문제가 저절로 해결되지는 않는답니다.

호랑이에게 물려 가도 정신만 차리면 된다는 속담이 있어요. 아무리 위급한 상황이라도 당황하기보다는 차분하게 생각하면 위기에서 벗어날 수 있다는 뜻이겠지요?

그런데 뇌 과학적으로 보아도 그 속담은 꽤 타당한 지혜를 담고 있어요.

우리 뇌는 문제를 해결하거나 상황을 판단할 때 '작업 기억'을 사용해요. 작업 기억은 컴퓨터의 램(RAM)과 비슷한 역할을 한다고 생각할 수 있어요. 눈, 코, 귀를 통해 들어온 감각 정보를 뇌에 저장하기도 하고 필요할 때 정보를 꺼내서 처리하기도 하는 장치거든요.

머릿속으로 간단한 덧셈을 하거나 대화 중 내가 다음에 할 말을 준비할 때도 작업 기억을 사용하지요. 그런데 문제는 작업 기억이라는 능력은 그 용량이 매우 적다는 거예요. 머릿속으로 숫자를 계산하고 있는데 누군가 말을 걸면 생각하던 내용이 갑자기 사라지는 경험을 한 적이 있지요? 그 이유는 작업 기억이 한 번에 처리할 수 있는 정보가 제한적이기 때문이에요.

　가뜩이나 용량도 부족한데 불안과 걱정까지 가득 차 있다면 어떻게 될까요? 감정들이 무서운 속도로 작업 기억을 잠식해 버려서 결국 문제 해결과 관련된 생각을 할 여유가 없어질 거예요.

　호랑이에게 물려 갔을 때 '호랑이가 할퀴면 아프겠지?', '내가 죽으면 누가 알아 줄까?', '왜 하필 나야!', '너무 무서워.'와 같은 불안한 생각을 하다 보면 정작 필요한 '어떻게 살아남지?'라는 생각은 할 여유가 없겠지요?

　불안의 감정이 작업 기억을 가득 채우면 판단 능력이 떨어지고 판단이 흐려지면 위험하고 나쁜 선택을 하게 될 거고요.

　우리 뇌에는 생각보다 훨씬 큰 능력이 있어요. 걱정하지 않고 천천히 생각하면 뇌는 저절로 문제를 해결하지요.

자, 이제부터 편안하고 느긋한 상태에서 천천히 생각해 보자고요. 슬로싱킹에 익숙해질수록 쓸데없는 걱정은 줄어들고 냉철한 집중력이 발휘될 거예요.

기억하세요. 그 순간이 바로 작업 기억의 동력을 최대치로 높일 수 있는 순간이랍니다.

수학 문제가 도움이 되는 이유

조금씩 몰입 시간을 늘려 보세요

"도윤아, 어땠어? 몰입이 어렵진 않았어?"

다음 날 학교에 갔더니 윤선이가 말을 걸었다.

"아, 응응. 사실 처음엔 좀 어색했는데 천천히 생각하다 보니까 뭔가 머리가 맑아지는 거 같더라고. 봐봐, 네가 준 수학 문제도 다 풀었어."

도윤이는 쪽지를 보여 주었다.

*오늘은 수요일이고 오늘부터 100일 후가 방학하는 날이라면, 방학하는 날은 무슨 요일인가?

금요일 (수요일이 다시 돌아오려면 7의 배수가 되어야 함. 100에 가장 가까운 7의 배수는 98이므로, 100일은 2일을 추가한 금요일이 됨.)

*어떤 수에 42를 곱해야 할 것을 잘못해서 42를 더했더니 62가 되었다. 바르게 계산하면 그 값은 얼마인가?

840 (어떤 수는 62-42=20. 어떤 수는 20임. 20X42는 840.)

"오오, 제법인데? 그럼 약한 몰입 2단계도 도전해 봐. 지금보다 조금 더 오랜 시간 몰입하는 거야."

"내, 내가 할 수 있을까?"

그날 저녁, 도윤이는 책상에 편안한 자세로 앉았다. 몰입의 맛을 본 도윤이는 오늘부터 제대로 한번 공부를 해 보기로 했다. 조금 더 몰입하는 시간을 늘려 보기로 한 것이다.

일단 윤선이가 추천해 준 수학 문제집을 넘겨 보았다. 윤선이 말로는 도윤이 수준에 잘 맞을 것이라고 했는데 살짝 어려워 보였다. 아리송한 용어와 개념들은 다시 공부하기로 하고 일단 문제를 풀었다.

원래 도윤이는 수학 공부를 할 때 어려운 문제는 30초 정도 고민하다가 답지를 보곤 했다. 그런데 이번엔 윤선이의 이야기를 듣고 전략을 바꾸기로 결심했다. 어려운 문제 하나를 한 시간, 아니 두 시간까지도 고민하면서 풀어 보기로 한 것이다. 예전의 도윤이는 문제를 푸는 양도 중요하다고 생각했다. 한두 시간 안에 수십 문제를 풀고 나면 실력이 느는 느낌이 들었기 때문이다. 하지만 실제 결과는 그다지 좋지 못했다.

막상 공부를 시작해 보니 여러 가지 문제들이 생겼다. 일단 불편했다. 최대한 편안한 마음으로 생각하려고 노력했지만, 이런 방식의 공부가 워낙 익숙하지 않았던 터라 편하단 느낌은 잘 들지 않았다. 그리고 자꾸만 딴생각이 드는 것이었다. 분명 조금 전까지만 해도 문제를 어떻게 풀면 좋을지 생각하고 있었는데, 갑자기 어제 먹다 만 간식이 떠오르기도 하고, 친구에게 빨리 연락해야 할 말이 떠오르기도 했다. 아무 생각 없이 시간만 낭비하기도 했다. 잠깐 멍하니 앉아 있기만 했는데 시계를 보면 5분이나 지난 걸 보고 깜짝 놀란 적이 몇 번 있었다.

'안 되겠다.'

도윤이는 포스트잇에 '문제에 집중'이라고 쓰고 잘 보이는 곳에 붙여 두었다. 잡념이 들어오더라도 그 글을 보면 다시 원래의 문제로 의식을 돌이킬 수 있을 테니 말이다.

이렇게 오랜 시간 한 문제를 고민하며 풀기 시작한 지 얼마나 지났을까? 신기한 일이 일어났다.

'이건 이런 식으로 하면 될 것 같은데?'

처음엔 공식을 몰라서 풀 수 없다고 생각한 문제였다. 그런데 그림을 그리거나 뒤집어서 생각하니 생각보다 쉽게 답이 나왔다.

"엥, 별거 아니었잖아?"

너무 간단하게 풀려 버리니 허탈함까지 느껴질 정도였다. 하지만 절대 나쁜 기분은 아니었다. 이런 방법으로 매일 조금씩 공부한다면 얼마나 좋을까? 도윤이는 벌써 뿌듯해졌다.

"이번에 단원 평가 점수가 확 올랐네? 우리 도윤이 공부 정말 열심히 했구나!"

선생님이 채점한 시험지를 나눠 주며 칭찬해 주셨다. 도윤이는 미소를 감출 수 없었다. 사실 지난번에 처음 시도한 날부터 매일 이런 방법을 반복하다 보니 조금씩 수학이 재미있다는 생각을 하게 되었다. 시간 안에 허겁지겁 많은 문제를 풀기 위해 애썼던 예전과는 확실히 달라진 것을 느낄 수 있었다. 친구들은 알까? 급하게 100문제를 푸는 것보다 어려운 한 문제를 느긋하게 푸는 것이 수학 성적에 훨씬 도움이 된다는 사실을.

몰입의 원칙

여러분은 공부를 잘하고 싶나요?

<mark>그렇다면 공부에 몰입해 보세요.</mark>

공부를 할 때, 혹은 공부를 하지 않는 쉬는 시간에도 공부와 관련된 내용을 의식의 무대 위에 올려놓는 것이지요.

시험을 준비하고 있는 많은 수험생들이 저에게 도움을 청하곤 했어요. 저는 몰입을 잘하고 싶어 하는 많은 학생들에게 네 가지 원칙을 정리해 주었답니다.

1. 충분한 수면 시간

공부 시간이 부족하다는 이유로 잠을 줄이는 학생들이 많아요. 하지만 그것은 절대로 해서는 안 될 일이에요. 오랜 시간 동안 효율적으로 몰입하기 위해서는 몸과 마음의 컨디션을 잘 유지해야 하거든요.

어린이는 하루에 8~10시간 정도, 청소년은 7~9시간까지 자는 것이 좋아요. 집중을 가능하게 하는 신경 전달 물질이 잠을 잘 때 만들어지기 때문이에요.

깨어 있는 동안 우리 뇌는 쉴 새 없이 외부 자극을 처리합니다.

그리고 우리가 잠이 들면 비로소 낮에 저장했던 단기 기억을 장기 기억으로 보내고 중요하지 않은 기억은 폐기해요. 진짜 학습은 낮이 아니라 밤에 잠들 때 시작되는 셈이지요.

꼭 기억하세요! 공부든 운동이든 악기 연습이든 잠을 자지 않으면 학습한 내용을 장기 기억으로 보낼 수 없고, 실력도 향상되지 않는다는 것을요.

2. 슬로싱킹과 선잠

앞서 이야기한 것처럼 선잠은 슬로싱킹의 핵심이에요. 공부를 하거나 생각을 하다 보면 졸릴 때가 있어요. 이때 선잠을 적극 활용해야 해요. 책상에 엎드려 자도 좋고, 목을 받쳐 주는 의자를 사용해도 좋아요. 여행용 목베개도 추천하는 아이템이에요.

그런데 의자를 너무 젖히거나 아예 침대에 누워 버리면 선잠이 아니라 깊은 잠에 빠져 버리고 몰입도도 떨어지며 컨디션까지 나빠질 수 있다는 것을 유의하세요.

일반적인 선잠은 20분을 넘기지 않아요. 한 시간 넘게 잤다는 건 평소 수면이 부족했단 뜻이겠지요?

3. 1초도 쉬지 않고 생각하기

공부하는 중간에 밥을 먹거나 화장실을 갈 수도 있어요. 하지만 그런 순간에도 머릿속으로는 공부에 대한 생각을 멈추지 않으려고 노력해 보세요.

물론 당연히 쉽지 않은 일이에요. 집중하던 문제는 순식간에 휘리릭 머릿속에서 날아가곤 하니까요.

하지만 이럴 때 낙담하지 말고 다시 생각을 다잡으세요. 아예 생각의 끈을 놓아 버린다면 몰입도는 떨어지겠지요?

4. 30분씩 규칙적인 운동하기

몰입을 위한 원칙 중에서 정말 중요한 부분이에요. 정말 여러분이 1초도 멈추지 않고 공부에 관한 생각을 하게 된다면 실력이 쑥쑥 오를 뿐만 아니라 자신감과 행복감에 날아갈 것 같은 기분이 들 거예요.

그러나 지나치게 올라간 몰입도는 수면 장애를 일으키거나 정신 이상을 야기하기도 하지요.

 저는 여러 분야에서 강력한 몰입을 경험하다가 부작용을 겪은 사람들을 많이 만났어요.

 이런 일은 도파민이 지나치게 많이 나오는 현상과 관련이 있을 거예요. 저 또한 오랜 시간 몰입이 성공적으로 이루어졌을 때 밤에 잠을 자려고 해도 계속 아이디어가 떠올라 쉽게 잠을 이룰 수 없었어요. 몸에 이상이 생긴 것처럼 아찔한 상태였지요.

 이때 불면증을 비롯한 몰입의 부작용을 이길 수 있게 도와준 것이 바로 운동이에요. 긴 시간 몰입을 해야 한다면 하루 중 정해

진 시간에 땀을 흠뻑 흘릴 수 있는 격렬한 운동을 하는 것이 좋답니다.

몰입을 위한 네 가지 원칙, 이해가 되었나요?
처음부터 이런 원칙들을 실천하는 건 어려울지도 몰라요. 그렇다고 쉽게 포기하거나 자기 자신을 책망하지는 마세요. 아직 몰입도가 낮은 상황에서는 충분히 있을 수 있는 일이니까요.

스스로를 격려하면서 즐겁고 기쁜 마음으로 몰입할 수 있도록 힘을 내세요!

왜 오래 생각해야 할까요?

147

콩쿠르 입상의 비밀

"예진아, 축하한다! 콩쿠르에서 입상했다면서?"

"그러게 말이야. 그것도 1등을 했다니, 정말 장하다!"

"헤헤, 고마워요. 작은엄마, 작은아빠."

이번 명절의 주인공은 도윤이의 사촌 예진이 누나였다. 어려서부터 피아노를 잘 쳤던 누나는 꿈꾸던 예술 고등학교에 들어가더니 지난달 열린 피아노 콩쿠르에서 당당히 입상을 했다는 것이다. 명절에 모인 친척들은 다들 누나를 축하하느라 정신이 없었다. 도윤이는 꿈을 찾아 나아가는 누나를 부러운 눈으로 바라보았다.

어른들의 심부름을 하기 위해 예진이 누나와 도윤이는 잠깐 동네 슈퍼로 나왔다. 북적이는 친척들의 틈에서 벗어나 둘만 있는 시간이 되자 도윤이는 슬며시 속마음을 내보였다.

"누나는 좋겠다."

"뭐가?"

"확실한 재능도 있고, 꿈도 있고, 대회에서 인정도 받으니 얼마나 좋아."

그러자 예진이 누나는 모르는 소리 말라면서 피식 웃었다.

"곁에서 볼 때나 그렇지. 내가 얼마나 힘들었는지 아냐?"

누나는 예고에 입학한 이후부터 늘 열등감에 시달렸다고 했다. 재능이 많은 친구들 사이에서 제대로 실력을 펼칠 수 없었다. 막연히 피아노 연주자가 되고는 싶었지만 그렇다고 엄청나게 간절한 것도 아니었다. 매번 대회에 나갔지만 한 번도 상을 받은 적이 없었다. 앞으로 어떻게 살아야 할까? 인생의 방향을 알 수 없어서 답답한 날들이었다.

그러던 어느 날, 몰입에 대해 연구하신 유명한 교수님에게 메일을 보내 도움을 청하기로 했다. 무언가 잘못 돌아가고 있는 인생의 방향을 바꾸고 싶은 마음 때문이었다.

"헉, 그래서? 정말로 교수님이 메일에 답장을 해 주셨어?"

도윤이는 슈퍼에서 물건을 고르다가 동그래진 눈으로 되물었다.

"응. 아주 구체적으로 방향을 제시해 주시더라고. 나의 삶을 바꿀 수 있는 방법의 핵심은 바로, 1초도 쉬지 않고 계속 피아노에 대해 생각하라는 거였지."

"엥? 그게 다야?"

"물론 나도 연습할 때는 피아노에 대해 생각해. 그 시간만큼은 누구보다 피아노에 몰입했다고 할 수 있어. 하지만 연습이 끝나면 생각도 끝나고 몰입도 순식간에 끝났지. 스마트폰을 보거나 연예인 이야기를 듣거나 다른 재미있는 일상을 살다가 다시 피아노에 몰입하려면 힘들기도 했거든."

하지만 교수님의 메일을 받고 난 다음부터 누나는 완전히 다른 삶을 살기로 했다. 마치 피아노에 목숨이라도 걸린 듯 쉬지 않고 피아노 생각만 한 것이다. 연습이 없는 시간에도 계속 생각했고, 걷거나 밥을 먹을 때에도 머릿속에 피아노를 떠올렸다.

쉬는 시간엔 관련 영상을 보거나 곡에 대한 정보를 생각했다. 버스를 타고 이동할 때엔 휴대폰에 녹음한 자신의 연주를 들었다.

꿈에서도 피아노를 칠 정도로 완전히 빠져들었다고 했다.

"내가 지치지 않고 몰입할 수 있을까 걱정했는데, 긴장하지 않고 편안한 상태에서 천천히 생각하다 보니까 익숙해지고 재미있어지더라. 사실은 그냥 재미있다고 말하는 것도 부족해. 그 순간만큼은 정말 최고였거든."

콩쿠르 무대에서 누나는 이전과는 전혀 다른 곡을 칠 수 있었다고 했다. 입상에 대한 부담이나 친구들과의 비교, 미래에 대한 걱정 같은 건 전혀 생각나지 않았다.

피아노 연주와 누나 자신만이 우주 안에 있는 것 같은 느낌이었다. 그 가슴 벅찬 감동과 행복은 쉽게 잊히지 않는다고 했다.

"누나, 그럼 누나는 지금 행복해?"

"응. 정말 행복해! 콩쿠르를 마친 후에 살면서 가장 많은 축하를 받았어. 그런데 축하받은 결과보다 더 행복한 건 과정이었어. 집중할 때의 그 행복은 말로 설명할 수 없거든."

도윤이는 누나의 눈이 반짝반짝 빛나는 것을 보았다. 앞으로의 인생이 더 기대가 되는 듯한 얼굴이었다.

"내가 이 특별한 삶의 주인이라니, 정말 좋아."

도윤이는 누나가 말하는 행복을 조금이라도 느껴 보고 싶었다. 무언가 한 가지에 완전히 몰입하게 되면 정말 최상의 기쁨을 느낄 수 있을까?

몰입이 주는 행복

여러분 중에 약한 몰입에 성공한 친구가 있나요? 만약 그렇다면 강한 몰입에 도전해 볼 수 있어요.

강한 몰입은 시험이나 대회처럼 해결해야 하는 큰 문제에 직면했을 때 활용할 수 있어요. 앞에서 한 약한 몰입과 마찬가지로 생각을 중간에 끊지 않고 계속 이어서 하되 시간을 늘리는 거예요. 그리고 문제가 풀릴 때까지 말 그대로 1초도 쉬지 않고 몰입해야 해요. 학생들 같은 경우엔 방학을 이용할 수 있고, 어른들은 주말이나 연휴를 활용하면 좋겠지요? 해결해야 하는 문제가 있다면 토요일이나 일요일에 다른 일정을 만들지 않고 종일 문제에 집중해 보세요.

단, 잠은 충분히 자야 하고, 낮에라도 졸릴 땐 선잠을 자야 하는 것도 기억하세요. 대신 깨어 있는 시간에는 조금도 쉬지 않고 하나의 목표를 위해 몰두하는 게 핵심이에요.

1초도 쉬지 않고 무엇을 한다는 건 우리가 할 수 있는 가장 최선의 행동이에요.

이보다 더한 노력은 생각할 수 없어요. 아직 여러분은 어리지만 커 가면서 최선을 다해야 하는 상황들을 다양한 모습으로 만나게 될 거예요.

중요한 발표나 면접을 준비해야 할 수도 있고, 코앞에 닥친 시험을 앞두고 실력을 증명해 내야 할 수도 있어요. 도윤이의 누나처럼 나의 재능과 노력을 평가받아야 하는 어려운 상황에 놓일 수도 있겠지요.

위급하고 중대한 상황은 계속 닥쳐올 거예요. 그럴 때마다 내가 할 수 있는 최선이 무엇인지 정확하게 알고 흔들림 없이 실천해 나간다면 어떤 문제든 충분히 해결할 수 있답니다.

물론, 처음부터 몰입도가 쉽게 올라가지는 않을 거예요. 당연히 지루하고 힘든 순간이 있겠지요. 하지만 하루를 마치고 잠자리에 들 때 '아, 오늘은 정말 부족함 없이 최선을 다했다.'라는 만족감을 느낀다면 일단은 성공!

결과는 걱정하지 말고 과정에 집중해 보세요. 혹시 원하던 목표를 이루지 못하더라도 '최선을 다했으니 후회는 없어!'라고 웃을 수 있다면 여러분의 성장에 단단한 밑거름이 생긴 거니까요.

강한 몰입의 핵심 포인트

▶목표
* 슬로싱킹 하는 방법을 확실하게 익히기.
* 행복한 마음으로 최선을 다해 노력하기.
* 하루 이상 연속적으로 단 한 가지 생각만을 이어서 하기.

▶방법
* 나에게 주어진 문제를 하루 이상 몰입해서 생각해요.
* 주중에는 자투리 시간을 통해 약한 몰입을 하고, 주말에는 강한 몰입을 해요.
* 며칠 동안 집중하여 최선을 다해야 하는 상황에서 활용할 수 있어요.

청소년이나 어른들의 경우엔 조금씩 몰입의 강도를 높여서 일주일이나 한 달 이상의 몰입에도 도전할 수 있어요.

이 과정을 따라와 본 친구들은 특별한 감정이 생기는 것을 느낄 수 있을 거예요. 몰입 상태에서는 즐거움과 쾌감이 느껴지고 일주일 이상 몰입하다 보면 그 쾌감에 완전히 빠진 듯한 기분에 사로잡힐 수도 있어요.

    이러한 상황에서 새로운 아이디어나 돌파구라도 떠오르면 더욱 강렬한 흥분을 느끼게 되지요. 문제와 관련된 모든 것들이 흥미진진한 게임처럼 여겨질 거랍니다.

    교수님도 몰입을 하면서 이런 감정을 많이 경험해 보았어요. 광활한 우주에서 나와 문제 단둘만이 존재하며, 이것을 해결하기 위해 최선을 다하는 내 모습에 스스로 뿌듯하기도 하고 자신감도 생겼지요.

    실제로 몰입하는 동안에는 평소 능력보다 훨씬 높은 능력이 발휘되곤 했어요. 평소에는 엄두도 못 낼 기발한 생각들이 떠오르고 문제와 관련된 수많은 정보가 동시에 떠 있는 느낌마저 들었지요. 이전과는 비교할 수 없는 집중력이 발휘되어 마치 슈퍼맨이라도 된 것 같은 기분이었어요.

    물론 똑같이 몰입을 했다고 해서 모두가 같은 문제 해결력을 갖는 건 아니랍니다. 각자가 쌓아 온 지식과 사고력 등에 따라 격차가 생기니 평소에 꾸준히 관련 지식을 쌓고 사고력과 창의력을 키워야겠지요?

 이런 행복을 누리고 싶다고 해서 처음부터 높은 단계의 몰입을 목표로 할 필요는 없어요. 여러분이 실천할 수 있는 단계부터 꾸준히 연습하면 좋겠어요.

 몰입을 꾸준히 실천하다 보면 스트레스만 가득했던 일상이 어느덧 긍정적인 에너지가 넘치는 시간으로 차근차근 바뀌어 나가는 걸 경험하게 될 거랍니다.

몰입 8계명

몰입을 하는 동안 염두에 두어야 할 핵심 사항을 정리했어요! 잊지 말고 몰입을 실천한다면 성공을 넘어 행복한 삶을 맞이하게 될 거예요.

1. 명확한 목표를 세운다

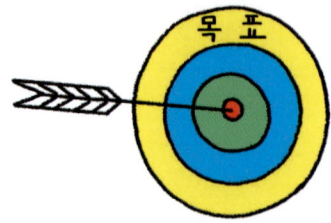

의식을 한곳에 겨누려면 시간과 에너지를 쏟을 만한 문제를 찾아야 해요.

2. 사전 지식을 공부한다

해결해야 할 문제와 관련된 지식은 반드시 공부해야 해요.

3. 몰입 시간을 확보한다

처음에는 자투리 시간을 활용해 보세요. 익숙해지면 주말, 방학, 휴가를 이용해 긴 시간 생각하는 강한 몰입에 도전해 보세요.

건강한 몰입을 위해 주의할 것들

뷰티풀 마인드

"오늘은 수업 대신에 재미있는 영화를 한 편 볼까 해요."

"와아!"

윤선이 반 아이들은 소리를 지르며 기뻐했다.

선생님은 영화 〈뷰티풀 마인드〉를 틀어 주셨다. 어느 천재 수학자에 대한 이야기라고 했다. 졸음이 쏟아지던 오후 시간, 도윤이는 자세를 고쳐 앉고 영화의 내용에 집중해 보았다.

노벨 경제학상을 수상한 존 내쉬는 어렸을 때부터 괴짜이자 수학 천재라고 불리는 학생이었다. 최고의 엘리트들만 간다는 프린스턴대학교 대학원에 시험도 보지 않고 장학생으로 입학했으니 놀라운 실력자가 틀림없었다. 그는 뻔한 공식보다는 자신만의 독창적인 방식으로 수학 문제를 해결하곤 했다. 공부에 몰입하는 그 순간만큼은 세상에서 가장 행복한 사람이 되는 기분이었다. 그러나 박사 과정에 들어가면서부터는 초조해지기 시작했다. 아직 그럴싸한 연구 결과가 나오지 않았기 때문이었다.

'나도 성과를 보여 줘야 해. 내 이름을 알리려면 남과 완전히 다른 연구 결과를 내놓아야 한다고.'

존 내쉬는 잠도 자지 않고 연구에 몰입했다. 친구들과 만나지도 않고 세상과 단절된 상태에서 홀로 생활하기 시작한 것이다. 그렇게 고독하고 힘든 자신과의 싸움이 이어졌다. 얼마나 시간이 지났을까? 마침내 그는 저명한 경제학자의 이론을 반박하는 논문을 쓰는 데 성공한다. 동료들과 교수들도 그의 탁월함에 감탄할 정도였다.

꿈꾸던 교수의 자리를 얻었고 사랑하는 여성을 만나 결혼에 이르기까지 했으니, 존 내쉬의 인생은 승승장구하는 것처럼 보였다. 하지만 그에게는 말 못 할 은밀한 고민이 있었다.

아무도 모르게 미국 정부의 비밀 프로젝트를 수행하고 있었던 것이다. 그의 비밀 임무는 적군인 소련군의 암호를 해독하는 일이었다.

수학 천재였던 그는 보통 사람이라면 엄두도 못 낼 암호를 척척 풀어내며 비밀 요원의 인정을 받는다. 그러나 이 모든 일은 국가 기밀이었기에 누구에게도 발설할 수 없었다. 사랑하는 아내에게도 말이다.

그의 임무는 갈수록 어려워졌고 위험한 상황도 발생했다. 그는 비밀 임무를 그만두고 싶었지만 국가는 그를 가만두지 않았다. 미국 정부의 비밀 요원은 날마다 찾아와 그를 괴롭혔다.

존 내쉬는 날이 갈수록 예민해지고 날카로워졌다. 풀어야 할 암호는 점차 늘어났고 정부 요원은 그를 압박했다. 강의 중에도 불안에 떨었고, 사람들이 알아듣지 못하는 말을 하는 날들도 많아졌다. 게다가 그의 정체는 적국인 소련에게까지 공개되었다. 소련의 스파이는 학교까지 따라와 그를 미행하기에 이르렀다.

생명의 위협까지 느낀 존 내쉬는 더 이상 이 생활을 이어 갈 수 없을 것 같았다.

그러던 어느 날, 길에서 쓰러진 그는 낯선 곳에서 눈을 떴다.

정신 병원이었다.

"환자분의 증상은 조현병입니다……. 오래전부터 환각, 환청 등에 시달리셨어요."

"그, 그럴 리 없어! 모든 것은 실제로 존재한다고!"

하지만 존 내쉬는 자신이 정신병에 걸려 있었음을 인정할 수밖에 없었다. 그동안 자신에게 임무를 주었던 정부 요원은 처음부터 실존하지 않는 인물이었고, 그가 드나들던 비밀 기지는 폐허만 남은 자리였다. 대학 시절부터 외로운 순간마다 나타나 도움을 주었던 단 한 명의 친구도 사실은 그의 눈에만 보이는 망상이었다. 존 내쉬가 앓고 있는 조현병 증상은 마치 꿈과 현실이 뒤섞인 것처럼 존재하지 않는 사물이 보이고, 소리가 들리는 것이다.

윤선이와 도윤이도 조현병과 그 증상을 영화를 통해 처음 제대로 알게 되었다. 솔직히 무섭기도 했다. 조현병과 관련된 범죄 소식도 들은 적 있기에 더욱 아찔했다. 하지만 치료를 잘 받으면 나아질 수 있다는 사실이 조금은 안심이었다.

다행히 존 내쉬는 치료를 잘 받아 조현병을 극복했다고 한다. 좋은 약을 처방받았고, 실제와 망상을 구분하려는 본인의 의지도 있었다. 무엇보다 그를 지켜봐 주고 기다려 준 가족들의 따뜻한 사랑 덕분에 가능한 일이었다. 결국 1994년 노벨 경제학상을 받고 모든 학자들의 존경을 받는 모습에서 윤선이는 눈물이 조금 나오기도 했다. 도윤이도 영화가 끝난 후에 잔잔한 여운이 남아 있는 것을 느꼈다.

그러나 한편으로는 궁금증이 생긴 아이들이었다.
'왜 많은 천재들이 정신 질환에 시달리는 걸까?'
'정신병이 천재들의 특징이기라도 한 걸까?'

건강한 몰입을 위한 운동

    지금까지 여러분에게 알려 준 몰입의 기쁨과 행복은 모두 저를 비롯한 많은 사람들이 직접 경험한 이야기예요. 저는 아주 오래전 연구를 위해 미국에 머무르던 시절에 '이것이 바로 몰입이구나.' 하는 것을 처음 경험했어요. 가족들과 떨어져야 했던 외로운 시간이었지만 그만큼 온전히 한 가지 생각을 이어 갈 수 있었거든요. 해결해야 할 연구 과제에 대해 생각하고 생각하고 또 생각하기를 의식적으로 반복하니 정말 며칠 동안 완벽하게 한 생각에만 집중할 수 있었지요.

    연구와 관련된 어려운 문제들이 쉽게 풀렸고, 믿기지 않을 정도로 최고의 능력을 발휘할 수 있었어요. 너무 행복해서 잠을 안 자도 피곤하지 않았지요. 그런데 그 정도가 지나쳤던 모양이에요. 나중엔 잠자리에 누워도 조금도 졸리지 않더라고요. 오히려 머리가 맑아지면서 새로운 아이디어들이 계속 떠오르는 거예요. 아이디어를 노트에 적고 다시 잠을 청했지만 새로운 아이디어가 계속 떠올랐어요.

    이런 증상은 며칠 동안 계속되었지요. 처음엔 쌩쌩했지만 시간

이 지나자 수면 부족으로 몸은 점점 지쳐 갔어요. 스스로 느끼기에도 정신이 이상해질 것 같았어요. 일부러 TV를 틀거나 노래를 들어도 하던 생각이 멈춰지지 않을 정도였으니까요. 간신히 그 생각에서 벗어난 뒤에야 상황의 심각성을 깨닫게 되었어요. 몸의 건강은 물론 정신의 건강까지 완전히 무너져 버린 것이니까요.

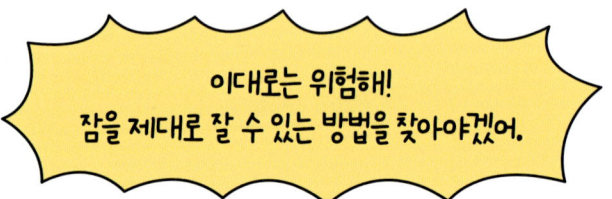

그때 제가 선택한 방법은 운동이었어요. 매일 숨이 차고 땀이 날 때까지 테니스를 쳤지요. 오랜만에 몸을 움직이니 개운한 기분이 들었어요. 그리고 정말 다행히도 그날부터 잠이 오지 않는 증상이 사라졌어요. 그 이후에는 몸도 건강해지고 정신의 건강도 지킬 수 있었답니다.

이 경험을 통해 저는 중요한 것을 깨달았답니다. 몰입적인 사고를 하기 위해서는 **반드시, 절대적으로 규칙적인 운동이 필요하다는 사실이에요!**

앞에서 읽은 이야기 속 존 내쉬는 인생이 영화로까지 제작될 만큼 유명한 천재 수학자예요. 뛰어난 업적으로 노벨상까지 수상했지만 망상, 환각, 사고와 행동의 혼란 따위의 증상을 보이는 정신 질환인 조현병으로 고생을 했지요.

존 내쉬뿐 아니라 우리가 잘 알고 있는 위대한 과학자나 예술가 중에는 안타깝게도 젊은 나이에 생을 마감하거나 정신병을 앓은 경우가 많아요.

뇌 과학을 공부하면서 살펴보니, 이런 천재들이 몰입 상태에서 과도하게 무리를 하다가 정신 건강을 해친 건 아닐까 하는 생각이 들더군요. 많은 사람들이 몰입 상태에서 꿈꾸던 아이디어가 봇물 터지듯 쏟아지고, 행복과 쾌감으로 연결되니 흥분하여 밤잠을 이루지 못했다고 말했기 때문이지요.

영화 〈아마데우스〉는 모차르트의 생애 마지막을 그린 영화예요. 영화에서는 모차르트가 며칠 동안 잠도 자지 않고 음악에 빠져서 계속 곡을 쓰는 장면이 나오지요. 이런 모습이야말로 극도의 몰입에 빠진 상태라고 할 수 있어요.

영화뿐 아니라 실제로도 모차르트는 35세라는 젊은 나이에 여러 의문점을 남긴 채 생을 마감했어요. '천재는 단명한다.'라는 이미지에도 영향을 준 안타까운 죽음이지요. 그의 번뜩이는 아이디어와 작업 방식을 생각하면 이 또한 몰입의 부작용이 초래한 결과가 아니었는지 자연스럽게 생각하게 되네요.

학창 시절의 아인슈타인이나 화가 고흐에게도 환청이 들리거나 환각이 보이는 것과 같은 조현병 증상이 있었고, 진화론의 선구자 찰스 다윈, 양자 역학을 정리한 닐스 보어, 수많은 시인과 음악가들 역시 기분이 지나치게 들뜨거나 우울한 상태가 반복되는 조울증을 앓았다고 기록되어 있어요.

어떤 사람들은 이러한 정신적·심리적 질환 덕분에 이들이 위대한 천재가 되었다고 말해요. 하지만 계속 이야기하지만 천재성은 특별히 좋은 머리를 타고난 것이 아니에요.

어린 시절부터 선천적으로 몰입의 방법을 깨우친 사람들이 그와 같은 경지에 이른 것이지요. 만약 이들이 규칙적인 운동과 몰입을 함께했으면 어땠을까요? 아마 오래오래 건강하게 연구와 작품 활동을 했을지도 모르겠네요.

수면 부족은 왜 정신 질환을 일으킬까요?

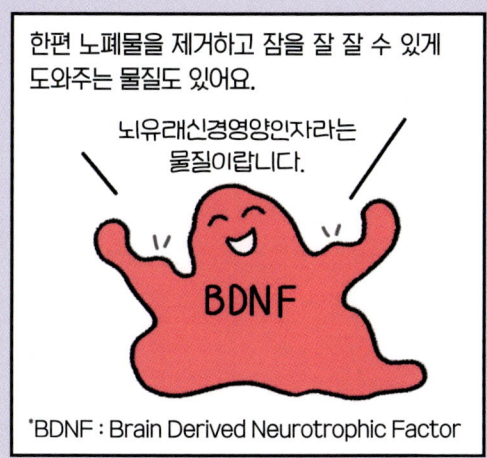

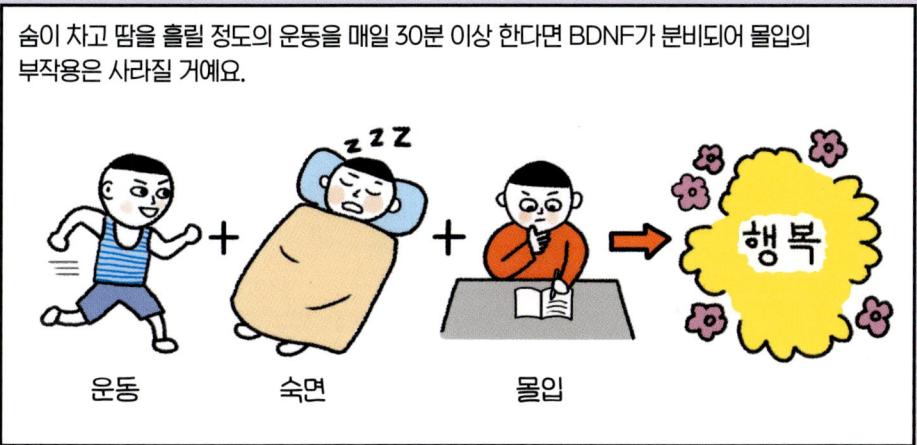

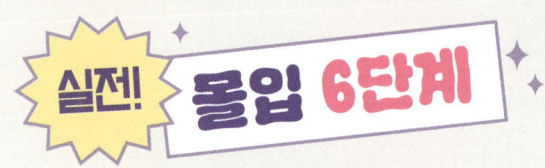# 실전! 몰입 6단계

초보자라도 훈련을 하면 몰입을 할 수 있어요. 많은 사람들이 오래 생각하는 것을 좋아하지 않지만 이 책을 읽은 여러분은 답이 보이지 않더라도 계속 천천히 생각할 수 있을 거예요. 약한 몰입과 강한 몰입을 나누는 기준은 시간의 연속성이에요. 어린이 여러분은 무리해서 강한 몰입을 할 필요가 없어요. 일단 천천히 약한 몰입에 익숙해지는 연습부터 하는 것이 좋아요.

① 약한 몰입 1단계

목표	슬로싱킹에 익숙해지기
방법	• 몸의 긴장을 풀고 편안히 앉아서 생각해요. • 5분 이내로 답을 구할 수 있는 간단한 문제를 생각만으로 풀어요. • 슬로싱킹이 익숙해질 때까지 반복해요.

② 약한 몰입 2단계

목표	10분에서 10시간까지 슬로싱킹 하기
방법	• 의도적인 몰입을 일상 생활에 활용하는 방식이에요. • 하나의 문제를 10분 이상, 최대 10시간까지 생각해요. • 처음에는 답이 보이지 않지만 계속 생각을 포기하지 않아요.

③ 약한 몰입 3단계

목표	10시간 이상 몰입하기
방법	• 불가능할 것 같은 문제를 해결하는 데 도움이 되는 방식이에요. • 자투리 시간이 날 때마다 문제가 풀릴 때까지 생각해요. • 다른 생각이 끼어들어 몰입이 어려울 땐 포스트잇을 활용해도 좋아요.

④ 강한 몰입 1단계

목표	하루 이상 연속해서 생각하기
방법	• 살면서 닥친 중요하고 어려운 문제를 해결해야 하는데 시간이 부족한 어른들이 사용하기 좋은 방식이에요. • 주중에는 자투리 시간을 통해서 약한 몰입을 반복하고 주말에 강한 몰입을 해요. • 하루이틀 최선을 다해야 하는 상황에 활용해요.

⑤ 강한 몰입 2단계

목표	일주일 이상 연속해서 생각하기
방법	• 풀리지 않는 문제를 연속해서 7일 이상 생각해요. • 매일 규칙적으로 숨이 차고 땀을 흘릴 수 있는 운동을 해요. • 잠을 못 자는 일이 생기는 경우 다음 날 아침이나 오후에 반드시 부족한 잠을 보충해요. • 의식 속에 나와 문제만 존재하는 몰입 상태를 경험할 수 있어요. • 장기 기억이 인출되며 좋은 아이디어를 얻는 경험을 할 수 있어요.

⑥ 강한 몰입 3단계

목표	한 달 이상 몰입하기
방법	• 한 달 이상 집중해야 하는 어려운 프로젝트나 시험공부에 적용할 수 있어요. • 최선을 다해야 하는 활동과 관련한 생각의 끈을 한 달 이상 놓지 않고 이어 나가요. • 매일 규칙적으로 운동을 하고 반드시 기본적인 수면 시간을 챙겨요. • 원하는 결과도 얻고 삶의 행복을 경험할 수 있어요. • 내적인 변화와 함께 삶을 대하는 태도도 바뀔 거예요.

04
행복한 삶으로 이끄는 비밀

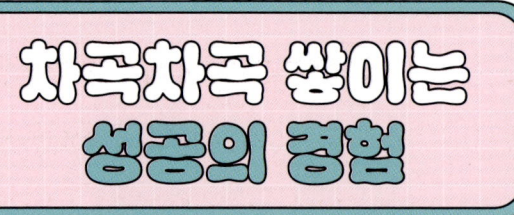

핵주먹의 부활

철커덩. 교도소의 문이 열렸다. 그 안에서 등이 잔뜩 굽은 타이슨이 천천히 걸어 나왔다.

"타이슨! 고생했어!"

돈 킹은 달려나가 타이슨의 어깨를 툭툭 두드렸다. 핵주먹으로 불리는 세계 최고의 복싱 선수 마이크 타이슨이 3년 만에 감옥에서 나오는 순간이었다.

불우한 어린 시절을 보냈지만 아버지와도 같은 코치님을 만나 새 삶을 살았던 마이크 타이슨. 그의 코치는 어린 타이슨의 천재적인 재능을 살려 복싱 챔피언으로 만들어 주었을 뿐 아니라, 부족한 공부와 인성 교육까지 도맡아 하며 정신적인 멘토가 되어 주었다. 그러나 그 코치가 병으로 세상을 떠나자 타이슨의 세상도 무너져 내렸다. 훈련도 게을리하고 번 돈을 흥

청망청 쓰며 타락하더니 급기야 범죄를 저질러 감옥에 갇히기까지 한 것이다. 3년간의 수감 생활 이후 겨우 출소했지만 다시 예전의 명성을 찾을 수 있을까? 타이슨은 자신이 없었다.

"제가 다시 복싱을 할 수 있을지 모르겠네요."

돈 킹의 차에 오르자마자 타이슨은 자신의 주먹을 보며 고개를 저었다.

"말도 안 되는 소리! 자네는 분명 다시 세계 챔피언을 따내게 될 거야."

돈 킹은 확신을 가지고 말했다. 돈 킹은 권투 프로모터다. 권투 프로모터는 권투 선수를 알리고 경기를 열어 많은 사람이 관심을 갖도록 흥행시키는 일을 하는 사람으로, 실제로 돈 킹은 역사에 남을 만한 수많은 경기들을 기획했고 어마어마한 돈을 벌었다. 그런 그에게 타이슨은 절대 놓칠 수 없는 선수였다.

'반드시 그를 다시 성공시키리라.'

돈 킹은 고개 숙인 타이슨을 보며 생각했다.

핵주먹 타이슨이 과연 예전 모습을 찾을 수 있을까?

복싱 팬들과 언론들이 궁금해하는 동안 첫 번째 대회가 잡혔다. 그런데 상대는 무명의 복싱 선수였다. 체격이나 기량이 타이슨에 비해 한참 모자라니 모두의 기대가 무색해질 정도였다.

'고작 이런 선수와 싸우라는 건가?'

복싱 팬뿐 아니라 타이슨도 실망이 컸다. 그러나 경기 시작종이 울리자 예전처럼 주먹을 휘둘렀다. 과거의 감각이 다시 살아나는 것을 느끼는 순간, 상대 선수는 맥없이 바닥에 쓰러지고 말았다. 승리까지 걸린 시간은 고작 89초. 싱겁기 그지없는 경기였다.

타이슨은 피식 코웃음을 쳤다. 그다지 자랑스러운 승리는 아니었지만 오랜만에 맛본 승리의 쾌감은 꽤나 달콤했다. 그의 팔과 주먹에 불끈 힘이 들어가는 게 느껴졌다.

4개월이 지난 후, 두 번째 시합이 열렸다. 이번 상대도 형편없었다. 배가 출렁거릴 정도로 살이 찐 상대 선수는 둔한 움직임으로 타이슨의 주먹을 피하려 들었다.

'어림없지, 감히!'

타이슨은 다시 날아오르듯 주먹을 뻗었다. 상대 선수는 3회까지 가까스로 버텼지만 타이슨의 강한 주먹에 가차 없이 KO 당하고 말았다.

'흥, 꽤나 시시하군.'

타이슨은 어깨를 들썩이며 팬들을 보았다. 화려한 경기를 기대했던 팬들도 실망이 클 것이다. 그럼에도 불구하고 팬들이 외치는 환호와 박수 소리, 승자를 향한 카메라 셔터 소리는 그의 가슴을 다시 뛰게 했다.

3개월 후 잡힌 경기에서 드디어 타이슨은 강력한 상대를 만났다. WBC 헤비급 챔피언인 프랭크 브루노에게 도전한 것이었다. 오래전부터 그의 라이벌이었던 브루노는 매서운 눈빛으로 타이슨을 쏘아보았다. 경기가 시작되었다. 타이슨의 몸은 가볍고 주먹은 강력했다. 라이트 펀치를 맞고 브루노가 휘청하는 동안 기회를 잡은 타이슨은 사정없이 주먹을 휘둘렀다. 경기의 흐름은 완전히 타이슨에게 넘어갔고 곧 깨끗한 승리를 거두었다.

"와아아! 타이슨! 타이슨의 승리다!"

"핵주먹의 귀환이다!"

그렇게 3년의 공백 끝에 다시 한번 마이크 타이슨이 세계 챔피언이 된 것이었다.

"그럼 그렇지!"

경기를 지켜보던 돈 킹은 희미하게 웃으며 고개를 끄덕였다. 사실 이 모든 것은 돈 킹이 치밀하게 계획한 작전이었다. 자신감을 잃은 타이슨을 위해 일부러 약한 상대와 연달아 상대하도록 한 것이었다.

'약한 상대와 싸워 이겨 본 동물은 강한 상대를 만나도 쉽게 지지 않지. 그의 온몸이 짜릿한 승리를 기억하고 있거든.'

작은 성공의 경험은 결국 큰 성공을 만들어 낸다. 이것이 돈 킹이 마이크 타이슨을 화려하게 복귀시킨 비결이었다.

성공할 수밖에 없는 도전

　인생에서 가치 있는 것은 쉽게 얻기 어렵지요. 오르막길을 오르듯 힘든 상황을 버텨 내야 해요. 여기서 문제는 우리의 본능이 내리막길을 더 좋아한다는 거예요. 편하고 안전한 것을 자연스럽게 추구하지요. 성공으로 향하는 힘든 길은 어떻게 해야 갈 수 있을까요?

　다행히 우리 뇌에는 '<u>동기 부여 체계</u>'가 만들어져 있어요. <u>도파민</u>이 바로 그 재료지요.

　민규는 그동안 축구를 재미로만 했어요. 학교 끝나고 친구들과 공을 차는 건 그저 즐거운 놀이에 지나지 않았지요. 그런데 이번에 학교 대표로 구내 축구 대회에 나가게 되었어요. 처음엔 부담도 되고 매번 연습하는 게 귀찮기도 했지요. 그저 참가하는 데에만 의미를 둘 생각도 있었어요. 그런데 팀 친구들이 열심히 하는 모습을 보니 점점 이기고 싶다는 마음이 생겼지요. 그래서 매일 저녁 혼자서 슛 연습도 하고 집에 와서 축구 영상을 보며 머릿속으로 작전을 짜기도 했어요.

　마침내 대회 날! 민규는 예전과는 전혀 다른 모습으로 관중들을 놀라게 했어요. 결승전에서는 멋진 골을 넣으며 팀을 우승으로 이끌기까지 했지요. 보는 사람마다 정말 잘했다는 칭찬이 끊이지 않았어요.

사실 민규는 경기하는 내내 그만두고 싶을 정도로 힘이 들었어요. 온몸은 땀범벅이 되었고 숨도 찼지요. 하지만 지금 이 순간은 너무 행복해서 하늘을 날 것만 같았어요. 이제 민규는 더 큰 대회에 도전하고 싶어졌어요.

이 느낌을 가져다준 건 바로 도파민이에요. 만약 민규에게 다음에도 비슷한 도전 기회가 생긴다면 '다시 한번 해 보자!'라고 부추기기 위해서예요. 도파민은 우리가 힘든 만큼 큰 보상을 받는 일에 도전할 수 있게 유도한답니다.

편도체는 그 느낌이 얼마나 좋았는지를 측정해서 결괏값을 전두엽에 저장해요.

그런데 만약 도전에서 실패한다면 어떻게 될까요? 실패의 경험에서 느끼는 부정적인 감정도 편도체와 전두엽은 잘 저장한답니다. 그리고 비슷한 경험을 해야 되는 순간이 오면 자동으로 피하게 만들지요. 실패를 연달아 경험해 본 사람은 점점 도전을 두려워하는 성향을 갖게 되겠지요?

마틴 셀리그만이라는 학자는 도망칠 수 없는 환경에 놓인 동물에게 전기 충격을 주는 실험을 했어요. 몇 번 그런 상황을 겪은 동물은, 나중에는 도망칠 수 있는 상황에서도 가만히 있는 모습을 보였지요. 이런 현상을 '**학습된 무기력**'이라고 불러요.

사람도 비슷해요. 어떤 일을 반복해서 실패하면 "아무리 해도 안 돼."라고 느끼게 되고, 새로운 도전조차 하지 않게 된답니다.

우리 뇌는 경험에 따라 시냅스가 연결되는 방식이 바뀌어요. 그래서 어떤 경험을 하느냐에 따라 우리의 생각과 행동 방식도 달라질 수 있답니다.

'**승자 효과**'는 '학습된 무기력'과 반대예요. 작은 성공을 여러 번 경험한 사람은 점점 더 자신감을 얻고, 더 큰일에도 도전하게 된다는 이론이에요.

심리학자 이안 로버트슨은 쥐 실험을 통해, 처음 몇 번의 승리를 경험한 쥐가 나중에도 더 자주 이긴다는 사실을 밝혀냈어요.

타이슨 같은 권투 선수들도 마찬가지예요. 승리의 기억이 도전을 두려워하지 않게 만들고, 훈련도 더 열심히 하게 해 주지요.

그렇다면 우리가 일부러 작은 성공을 반복해서 경험하면 어떻게 될까요? 더 잘하고 싶어지고, 더 도전하고 싶어지며, 훗날 더 가치 있는 삶을 꿈꾸지 않을까요?

하지만 학교나 사회에서 원하는 대로 성공을 맛보기는 어려울 거예요. 나에게 주어진 과제들이 내 수준에 딱 맞는 경우가 드물기 때문이에요. 너무 어려울 수도 있고, 지나치게 쉬워서 도전의 의미가 없을 수도 있거든요.

그래서 교수님은 여러분에게 '**가상의 도전**'을 추천해요. 내가 스스로 성공할 수 있는 환경을 만드는 것이지요. 도전의 난이도는 '도저히 못할 것 같았지만, 노력을 하니 마침내 해냈다.'라고 생각할 수 있는 정도가 딱 적당하답니다.

저는 성공의 맛을 원하는 친구들에게 약간 어려운 수학이나 과학 문제, 혹은 코딩을 추천하곤 해요. 이러한 문제들은 나에게 알맞은 난이도를 고를 수 있게 하거든요.

무척 어려워 보이지만 막상 정신을 집중하여 몰입을 해 보면 스르륵 해결되는 경우가 많으니, 도전에서 성공한 경험은 '승자 효과'로 나타나겠지요?

'가상의 도전'을 위한 수학 문제 풀이

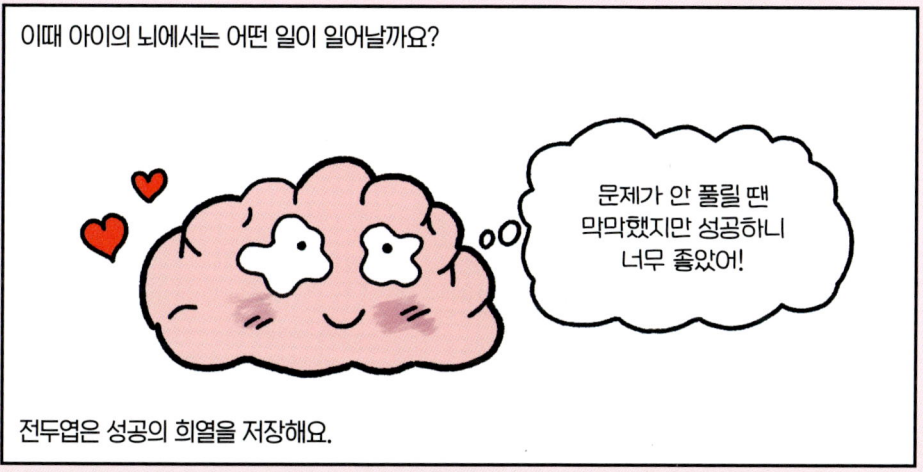

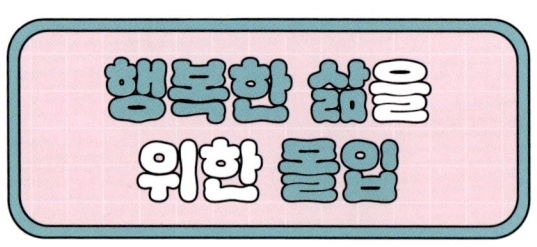

행복이란 무엇일까?

어느덧 한 학년이 끝나 가고 있었다. 하늘은 잔뜩 흐려 있었고, 금방이라도 눈이 내릴 것처럼 촉촉한 겨울 공기가 교실 안까지 스며들었다. 도윤이와 윤선이뿐 아니라 반 친구들 모두 어느새 키가 한 뼘은 자란 듯했다.

아이들은 확실히 자랐다. 생각도 깊어졌고, 예전보다 어려운 수학 문제도 겁내지 않게 되었고, 긴 글도 차분히 읽을 수 있게 되었다. 어떤 친구는 예전에 비해 축구를 더 잘하게 되었고, 어떤 친구는 혼자서 악보를 읽고 피아노를 칠 수 있게 되었다. 화내지 않고 솔직한 마음을 말하는 법을 알게 된 친구들도 있었다.

그리고 그 누구보다도 도윤이는 달라져 있었다. 스마트폰을 완전히 끊을 수는 없었지만 습관적으로 손이 먼저 움직이려 할 때마다 한 번 더 생각해 보려고 애썼고, 눈앞의 작은 화면보다 내 곁의 사람들과 소중한 순간들을 나누는 일이 의미 있다는 것도 알게 되었다. 가끔은 스마트폰 없이 느릿느릿 흐르는 시간을 꽤 재미있게 보내기도 했다.

몰입의 기쁨을 조금 맛본 것 또한 도윤이의 성장에 중요한 역할을 했다. 아직은 분명하게 알 수 없지만 '몰입'은 도윤이가 마음에 들어 하는 단어로 자리 잡은 듯했다.

교과서 진도가 거의 다 끝난 수업 시간, 담임 선생님이 아이들에게 말씀하셨다.

"얘들아, 이제 이번 학년도 일주일 정도밖에 남지 않았네. 다들 마음이 싱숭생숭할 것 같은데 어떠니?"

싱숭생숭이란 표현이 재밌었는지 아이들은 아하하 웃었다.

"선생님은 너희들과 함께 지낸 1년이 정말 행복했거든. 다들 어떤지 궁금하기도 하구나."

선생님은 앞에서부터 활동지를 나누어 주셨다.

"자, 오늘은 한 학년을 돌아보는 활동지를 하나 해 볼 거야. 질문은 딱 하나야. '행복이란 무엇일까?'"

교실 안이 잠시 조용해졌다.

"각자 자신이 생각하는 행복에 대해 적어 보는 시간을 갖도록 하자."

웅성거리던 교실이 금세 조용해졌다. 연필을 들고 바로 써 내려가는 아이도 있었고, 멍하니 창밖을 바라보는 아이도 있었다.

윤선이도 조금 생각에 잠겼다. 그리고 얼마 지나지 않아 연필을 들고 글을 써 보기 시작했다.

어른들은 맛있는 걸 먹고, 좋은 데 여행 가는 게 행복이라고 한다. 열심히 공부해서 부자가 되고, 불안한 미래를 대비하라고도 한다. 그런데 그게 진짜 행복일까?

윤선이는 지난 시간들을 곰곰이 생각해 보았다. 스마트폰 없이 엄마와 깊은 이야기를 나누던 날들, 발표 수업을 준비하기 위해 열심히 공부하고 생각했던 날들…….

도윤이도 마찬가지였다. 사촌 누나의 피아노 연주를 듣고 감탄했던 순간, 수학 문제 하나를 두고 오래오래 생각했던 일들을 기억해 냈다.

그때마다 느꼈던 조용한 기쁨들이 마음속에서 일렁이는 것 같았다.

도윤이도 사각사각 글을 써 내려갔다.

내가 요즘 행복을 느끼는 건, 하나의 문제에 푹 빠져 있을 때인 것 같다. 깊이 생각하는 건 지루할 줄 알았는데 편안할 때가 있기 때문이다.

뭔가 조금이라도 풀리면 엄청 기쁘고, 내가 해냈다는 생각도 들면서 좀 더 해 보고 싶어진다.

게임에서 이긴 것보다 더 좋다.

그때였다. 누군가가 "와아, 눈 온다!" 하고 외쳤다. 도윤이와 윤선이가 창밖을 보니 정말로 하얀 눈송이가 살포시 휘날리고 있었다. 도윤이는 자신감 있게 남은 글을 써 내려갔다.

요즘엔 가끔 그런 생각이 든다.

행복은 나중에 뭐가 되고 싶다, 이런 거 말고

그냥 지금 내가 뭔가에 푹 빠져 있는 그 모습이 아닐까?

그래서 요즘은 지금 이 순간을 진짜 열심히 살아 보고 싶다.

내가 좋아하는 걸 할 때 그게 제일 진짜 나 같으니까.

종이 위의 글씨는 삐뚤빼뚤했지만, 도윤이의 마음은 무척 단단해졌다.

몰입은 단순히 공부를 잘하게 해 주는 도구가 아니라 삶을 더 의미 있게 해 주는 힘이라는 걸 도윤이는 정말로 알 것 같았기 때문이다.

옆 분단에 앉은 윤선이가 슬쩍 도윤이에게 말을 걸었다.

"야, 뭐라고 썼어?"

"아, 안 돼!"

도윤이는 괜히 부끄러워서 팔로 재빠르게 활동지를 가렸다. 윤선이는 되었다는 듯 피식 웃더니 작은 목소리로 물었다.

"도윤아, 우리 나중에 커서 뭐가 될까?"

"잘 모르겠는데……. 하나는 알 것 같아. 뭔가에 푹 빠져서 살고 싶어."

예쁜 눈송이는 바람을 타고 하늘하늘 날아가고 있었다.

상상도 못 할 멋진 미래가 기다리고 있어요

어떤 삶이 좋은 삶일까요?
우리는 어떻게 살아야 할까요?

예전에 저는 이 문제를 두고 일주일 동안 몰입하여 생각해 본 적이 있었어요. 많은 생각들이 떠올랐지만 결국 두 가지로 생각을 정리할 수 있었지요.

하나는 '행복하게 살자.'는 것이고 다른 하나는 '해야 할 일을 최선을 다해 잘하자.'였답니다.

일에 큰 의미를 두지 않는 사람들도 많아요. 목표나 의지 없이 그저 생계를 유지하기 위한 수단으로 삼는 셈이지요. 그런데 그렇게 되면 일만 재미없는 게 아니라 삶도 재미가 없어진답니다. 일 자체에서 목적을 찾는 사람은 일의 능률도 올리고 성공할 확률도 높아지지요.

공부도 마찬가지에요. 어쩔 수 없이 억지로 공부하는 학생들보다는 공부 자체를 즐기는 학생들이 좋은 성적을 내기도 하고 과거의 천재들처럼 인류에 도움이 되는 결과물을 내놓기도 하지요.

몰입의 방법은 생각보다 단순하답니다. 지금 해야 하는 공부를 세상에서 가장 중요하고 숭고한 목표로 만드는 것. 그것부터가 몰입의 시작이에요.

만약 그것이 가능해진다면 내 삶을 채운 모든 순간순간이 행복으로 가득 찰 거예요. 제가 이 책을 통해 여러분에게 하고 싶은 이야기는 이토록 간단한 것이었어요.

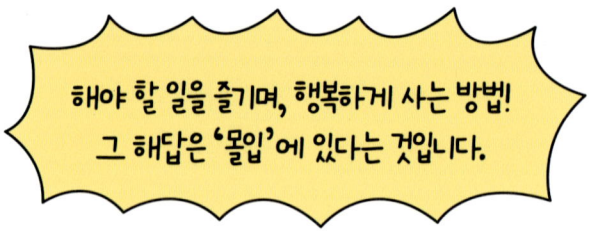

해야 할 일을 즐기며, 행복하게 사는 방법!
그 해답은 '몰입'에 있다는 것입니다.

많은 사람들은 쉬운 길을 택하지요. 그러나 어떤 사람들은 익숙했던 생각과 습관을 버리고 일부러 오르막길을 가기도 해요. 그 길은 분명 더디고 힘이 들지만, 그 속에는 놀라운 선물이 숨어 있어요.

도전하는 사람들은 자신 안에 있던 잠재력을 꺼내 쓰고, 그 과정 속에서 몰입이라는 깊은 상태를 경험해요. 완전히 몰입된 순간, 시간은 사라지고 생각은 고요해지며, 그저 '지금 여기'에 있다는 사실만으로도 기묘한 평화와 기쁨이 찾아오지요.

그래서 그들이 얻는 것은 단지 높은 성취나 결과가 아니라 그 순간을 살아 낸 행복, 그 자체예요.

결과와는 상관없이 최선을 다하는 사람들, 그 과정에서 기쁨과 즐거움을 찾는 사람들. 이들의 삶은 분명히 행복하다고 말할 수 있겠지요? 행복은 결과가 아니라 바로 과정이니까요.

여러분은 도전이 두려워서 망설이고 있지는 않나요? 여러분 스스로의 잠재력을 믿어 보세요. 도전은 우리를 몰입으로 이끌고, 몰입이 우리를 진짜 행복으로 데려다줄 테니까요.

사고력과 창의력을 가진 열정적인 인재

GE의 전 회장 잭 웰치는 이런 말을 했어요.

내 시간의 75 퍼센트는 핵심 인재를 찾는데 썼다.

마이크로소프트의 창업자 빌 게이츠도 이런 말을 했지요.

핵심 인재 20명이 없었다면,

오늘날의 마이크로소프트도 없다.

한 명의 인재를 얻는 것은 돈보다 더 귀한 일이에요.

세계 초일류 기업들은 우수한 인재를 채용하기 위해 전쟁을 방불케 하는 작전을 펼치고 있어요.

몰입이 궁금할 때 빅티처에게 물어봐

Q 왜 어린이가 몰입을 배워야 할까요?

스마트폰과 TV 등 강한 자극이 넘쳐나는 시대예요. 전두엽이 손상되면 자극을 멀리하는 게 더욱 어려워지지요. 그렇기 때문에 이런 사회일수록 어린 시절에 전두엽을 발달시키는 교육이 매우 중요해요. 어린이들에게 도전 과제를 주고 시간이 조금 걸리더라도 자신만의 해결 방법을 찾을 때까지 기다려 주는 것이 바로 전두엽을 발달시키는 훈련법이며 몰입의 방식이기도 하지요. 이렇게 몰입하는 훈련은 창의성과 문제 해결 능력을 키우는 데에도 정말 효과적이에요!

Q 몰입은 어떻게 시작할 수 있나요?

일단 내가 도전할 만한 문제를 만났을 때 몰입은 시작돼요. 그 문제는 너무 쉽지도 어렵지도 않은 것이어야 하지요. 그리고 나 스스로가 그 문제를 세상에서 가장 중요한 문제라고 생각해야 해요. 그것을 바로 동기 부여라고 한답니다. 꼭 해결하고 싶은 문제가 생겼다면 힘을 빼고 이완된 상태에서 느긋하게 쉬는 듯 앉아서 천천히 생각해 보세요. 조급해하거나 긴장을 하면 몰입이 잘되지 않아요. 몰입은 편안한 상태에서 시작된답니다.

Q '슬로싱킹' 할 때 자꾸 스마트폰이 하고 싶어요. 어떻게 해야 할까요?

어린이뿐 아니라 어른도 처음엔 한 가지 문제에 집중하는 것을 어려워해요. 하지만 몰입도 훈련이에요. 5분만 집중해도 여러분의 뇌는 몰입 회로를 켜기 시작할 거예요. 만약 천천히 생각하는 것에 익숙하지 않다면 간단한 수학 문제를 풀어 보아도 좋아요. 초등학생 수준의 문제 중에서 약간 어려운 난이도의 문제를 골라서 펜을 사용하지 않고 답을 구하는 거예요. 대신 생각하는 시간은 필요한 만큼 사용해 보세요. 천천히 생각하는 법에 익숙해졌다면 이런 방법으로 조금씩 시간을 늘려 보세요.

Q 몰입하면 기분이 정말로 좋아지나요?

네. 기분이 좋아질 뿐 아니라 도파민에 따른 부작용도 없어요. 게임에서 이겼을 때, 힘든 운동을 마쳤을 때, 치열한 노력 끝에 원하는 것을 얻어 냈을 때, 우리 뇌에서는 도파민이라는 물질이 나와요. 그동안의 고생을 보상해 주기라도 하듯 짜릿한 기쁨을 느끼게 해 주지요. 그런데 우리 몸은 항상성을 유지하려는 특성이 있기 때문에 큰 기쁨 뒤에는 커다란 우울이 따라오게 마련이에요. 하지만 몰입에서 오는 행복은 달라요. 기분이 오랫동안 안정적으로 좋아지는 상태가 계속된답니다. 왜냐하면 몰입이 일어나는 전두엽에는 우울함의 원인인 마이너스 피드백을 담당하는 자가수용체가 아주 적기 때문이에요. 우리 뇌는 우리가 믿는 만큼 능력을 발휘해요. 내가 "이 문제는 정말 중요해!"라고 생각하고, 매일매일 자주 떠올리면 몰입은 훨씬 쉬워지고, 어느새 원하는 성과를 얻게 될 거예요.

나의 몰입 다이어리

나의 목표 :

✦ 날짜 : _____ 년 ____ 월 ____ 일

✦ 몰입 시간
　○ 5분 이하　○ 10분 이상　○ 30분 이상　○ 1시간 이상　○ 기타 (　　　)

✦ 오늘의 방해 요소는?
　○ 스마트폰　○ TV　○ 잡생각　○ 소음　○ 다른 사람

✦ 몰입 후 내 기분은?　☺　😢　😠　🙂　😐

✦ 몰입 후 느낀 점을 간단하게 써 주세요.
_____
_____

✦ 날짜 : _____ 년 ____ 월 ____ 일

✦ 몰입 시간
　○ 5분 이하　○ 10분 이상　○ 30분 이상　○ 1시간 이상　○ 기타 (　　　)

✦ 오늘의 방해 요소는?
　○ 스마트폰　○ TV　○ 잡생각　○ 소음　○ 다른 사람

✦ 몰입 후 내 기분은?　☺　😢　😠　🙂　😐

✦ 몰입 후 느낀 점을 간단하게 써 주세요.
_____
_____

빅티처 황농문의
몰입 발전소

초판 1쇄 발행 2025년 6월 30일

지은이 황농문, 마케마케
그린이 김민준

펴낸이 권미경
기획 최유진
마케팅 심지훈, 강소연, 김재이
표지 디자인 김은지(bookdesign.kim@gmail.com)
본문 디자인 양X호랭 DESIGN

펴낸곳 ㈜돌핀북
등록 2021년 8월 30일 제2021-000179호
주소 서울시 마포구 토정로 47, 701
전화 02-322-7187 **팩스** 02-337-8187
메일 sky@dolphinbook.co.kr

ⓒ 황농문, 마케마케, 김민준, 2025
ISBN 979-11-93487-23-5 (74000)
       979-11-975784-8-9 (74000) (세트)

이 책을 무단 복사·전재하는 것은 저작권법에 위반됩니다.
잘못 만들어진 책은 구입하신 서점에서 교환해 드립니다.